burda

Grundkurs Nähen

Leicht und schnell zur Basisgarderobe

Mit Mehrgrößen-Schnitt
für Rock, Hose, Bluse
und Jacke

Weltbild

Die im Buch veröffentlichten Ratschläge wurden von den Verfassern und vom Verlag sorgfältig erarbeitet und geprüft. Eine Garantie kann dennoch nicht übernommen werden. Ebenso ist die Haftung der Verfasser bzw. des Verlages und seiner Beauftragten für Personen-, Sach- und Vermögensschäden ausgeschlossen.
Jede gewerbliche Nutzung der Arbeiten und Entwürfe ist nur mit Genehmigung der Verfasser und des Verlages gestattet.

Bei der Anwendung im Unterricht ist auf dieses Buch hinzuweisen.

Bezugsquellennachweis:
Verlag Aenne Burda
Hobby-Service
Postfach 293
77649 Offenburg

C. Freudenberg
Faservliesstoffe KG
Geschäftsbereich Einlagestoffe
Postfach 100 363
69465 Weinheim

Prym Consumer
Postfach 1740
52220 Stollberg

Fotografie:
burda Fotostudio
Modellfotos:
Michael Gregonowits

Lektorat: Helene Weinold-Leipold, Andrea Müh
Redaktion: Heidemarie Tengler-Stadelmaier, Offenburg

Genehmigte Lizenzausgabe für Verlagsgruppe Weltbild GmbH, Steinerne Furt, 86167 Augsburg

Umschlaggestaltung: Atelier Lehmacher, Friedberg (Bay.)
Umschlagmotive: (vorne) picture-alliance/scanpix/Ulrika Ekblom, (hinten von li. nach re.) burda fotostudio, picture-alliance/FLORA PRESS, picture-alliance/FLORA PRESS
Gesamtherstellung: Firmengruppe APPL, aprinta druck, Wemding
Printed in the EU
ISBN 978-3-8289-2640-0

2011 2010
Die letzte Jahreszahl gibt die aktuelle Lizenzausgabe an.

Einkaufen im Internet:
www.weltbild.de

Vorwort

Wer wäre nicht schon einmal staunend vor der riesigen Auswahl an Stoffen in einem Fachgeschäft stehengeblieben: einfache Baumwolldrucke und kostbare Seidenjacquards, moderne High-Tech-Gewebe und kuscheliges Pelzimitat, traumhaft leichte Wollstoffe und rustikaler Tweed in den schönsten Farben ... Was sich daraus alles machen ließe, wenn – ja, wenn man nur nähen könnte.
Keine Sorge: Sie können es! Erfahrene Hobbyschneiderinnen werden Ihnen bestätigen, daß das Nähen modischer Kleidung keine Geheimwissenschaft ist und die Grundbegriffe sich rasch erlernen lassen. Und weil bekanntlich alle Theorie grau ist, üben Sie die wichtigsten Techniken mit diesem Grundkurs gleich in der Praxis. Wenn Sie erst einmal Rock, Hose, Bluse und Cardigan-Jacke genäht haben, zählen Sie schon nicht mehr zu den Einsteigern, sondern meistern auch andere Modelle problemlos.

Inhalt

Grundlagen

Wissenswertes vor dem Nähen

Modelle

Die Basisgarderobe zum Selbermachen

Grundtechniken

So wird's richtig gemacht

Gütermann

Wissenswertes vor dem Nähen

Güterman
Güterm

Nähzubehör

Schere, Nadeln, Garn ...

Aufs Zubehör kommt's an! Eine Nähmaschine, die außer Gerad- und Zickzackstich auch Knopflöcher näht – eine Knopflochautomatik wäre super! –, ist Voraussetzung. Damit das Nähen richtig Spaß macht, gibt es aber noch das eine oder andere Zubehör, das zu Hause im eigenen Nähatelier nicht fehlen sollte.

Bei *Scheren* sollten Sie nicht sparen. Fürs Zuschneiden des Stoffes lohnt sich die Anschaffung einer *Zuschneideschere*, deren untere Kante flach aufliegt, so daß der Stoff beim Schneiden kaum angehoben wird. Jetzt gibt es endlich auch eine Zuschneideschere speziell für Linkshänderinnen (von Prym, ca. 17 €). Zum Abschneiden der Fäden und für alle anderen „Schneidearbeiten“, für die die große Zuschneideschere zu unhandlich ist, benötigen Sie eine kleine *Handschere.* Außerdem zum Ausschneiden der Schnittteile eine *Papierschere,* denn Ihre guten Scheren werden beim Papierschneiden stumpf.

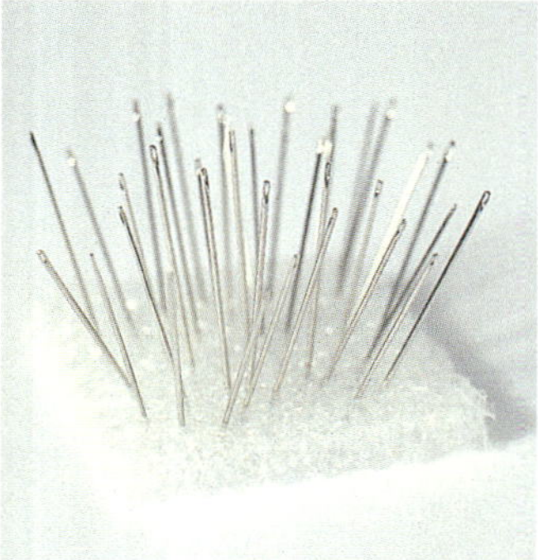

Neu auf dem Markt und sehr praktisch: ein *Fadenabschneider*, mit dem man den Nähfaden wie mit einer Zange einhändig abschneiden kann (von Prym, ca. 4 €). Nicht unbedingt nötig, aber auch sehr hilfreich ist ein *Pfeiltrenner* zum Auftrennen von Näharbeiten oder zum Einschneiden von Knopflöchern.

Nähnadeln gibt es in verschiedenen Längen und Stärken. Grundsätzlich gilt: Je feiner der Stoff, um so feiner sollte auch die Nadel sein. Für kleine Stiche verwendet man kurze Nadeln, für große Stiche lange Nadeln. Unentbehrlich sind natürlich auch Stecknadeln.

Bei *Nähmaschinennadeln* gibt es jede Menge „Spezialisten“: Nadeln mit normaler Spitze für gewebte Stoffe, Nadeln mit abgerundeter Spitze für Jersey, Stretch und Strick (damit der Stoff nicht verletzt wird), besonders stabile, spitze Nadeln für Jeans. Und natürlich spezielle „Experten“ mit geschliffener Dreikantspitze für Leder.

Bei *Nähgarnen* haben Sie die Wahl zwischen Nähgarnen aus reiner Seide, aus Baumwolle oder Synthetik. Der Vorteil von synthetischem Nähgarn: Es eignet sich für alle Stoffe.

Außerdem brauchen Sie einen *Fingerhut*, der den Mittelfinger schützt, wenn Sie dicke Stoffe oder mehrere Stofflagen mit der Hand nähen. Ein *Maßband* zum Maßnehmen und zum

Ausmessen längerer Strecken ist ebenfalls unentbehrlich. Es muß weich und biegsam sein, darf sich aber nicht dehnen. Für das Ausmessen kurzer Strecken, zum Beispiel Saum- und Nahtzugaben, ist ein *Handmaß* besser geeignet. Sie können damit auch Knopflöcher und Tascheneingriffe markieren.

Stichwort „markieren“: Dazu benutzen Sie *Schneiderkreide* in Weiß, Gelb, Blau oder Rot. Verwenden Sie diese aber immer nur auf der linken Stoffseite! Es gibt immer wieder mal Stoffe, aus denen sich die Kreide nicht mehr restlos entfernen läßt!

Wenn Sie Schnitteile vom Schnittbogen abzeichnen wollen, ist *Seidenpapier* oder ein *Kopierset* mit Spezialstift angesagt.

Mit *Kopierpapier* und einem *Kopierrädchen* lassen sich sämtliche Linien der Schnitteile dann kinderleicht auf den Stoff übertragen (siehe auch Seite 28).

Seidenpapier, Kopierset, Kopierpapier und Kopierrädchen gibt's übrigens von Burda. Alles ist im Fachhandel erhältlich.

Außerdem braucht die Hobbyschneiderin ein *Bügeleisen* – ein Dampfbügeleisen wäre super! –, ein Bügelbrett und möglichst noch ein Ärmelbügelbrett.

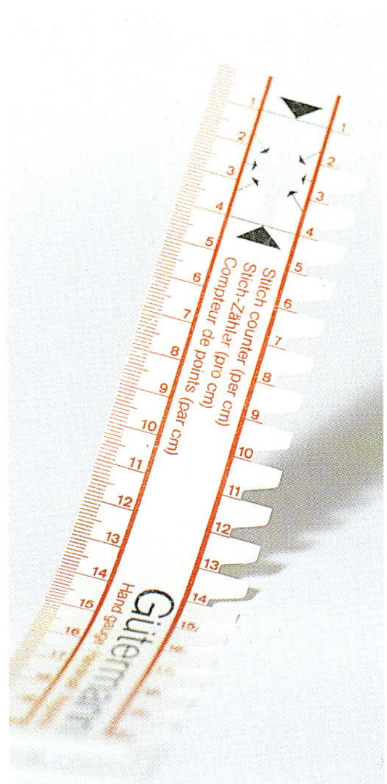

Kleine Stoffkunde

Schon wenn Sie einen Stoff kaufen, sollten Sie an die Trageeigenschaften und die Pflege denken. Denn ob das fertige Kleidungsstück stark knittert oder auch bei starker Beanspruchung korrekt aussieht, ob Sie es waschen können oder in die Reinigung geben müssen, ob Sie mit viel Hitze und Dampf bügeln können oder nur bei geringer Temperatureinstellung, ist davon abhängig, aus welchen Fasern der Stoff ist.

Am Stoffballen muß laut Textilkennzeichnungsgesetz die Materialzusammensetzung angegeben sein. Leider ist die Kennzeichnung mit den Pflegesymbolen nicht gesetzlich verankert. Damit Sie auch ohne diese Hinweise Ihren Stoff richtig behandeln können, nennen wir auf den nächsten Seiten die wichtigsten Fasern, ihre Eigenschaften und ihre Pflege.

Bei Mischgeweben richtet sich die Wasch- und Bügeltemperatur nach der empfindlicheren Faser.

Grundsätzlich unterscheidet man zwischen *Naturfasern* – Baumwolle und Leinen (pflanzliche Fasern), Wolle, Tierhaare und Seide (tierische Fasern) – und *Chemiefasern*. Auch die Chemiefasern werden in zwei Gruppen eingeteilt: *zellulosische Chemiefasern* – Viskose, Cupro, Acetat, Triacetat – aus pflanzlichen Rohstoffen (Zellulose) sowie *synthetische Chemiefasern* – Polyester, Polyamid, Polyacryl usw. – aus Produkten der Petro-Chemie, d. h., der Ausgangsstoff ist Erdöl, das nach verschiedenen chemischen Aufbereitungen in Form eines Granulats (Körnchen oder Schnitzel) in der Chemiefaser-Industrie landet. Dieses Granulat wird eingeschmolzen und durch Spinndüsen gepreßt. Dabei entstehen endlose Fäden, die je nach Weiterverarbeitung zu den unterschiedlichsten Fasern und Garnen – von glänzend bis matt, von sehr fein bis hochbauschig, mit „Seiden-, Baumwoll- oder Wolloptik“ verarbeitet werden können.

Baumwolle
wird aus den Samenkapseln der Baumwollpflanze gewonnen. Die Qualität hängt von der Faserlänge ab: je länger die Faser, um so besser und teurer ist die Baumwolle.

REINE BAUMWOLLE

Eigenschaften: Baumwolle ist sehr strapazierfähig, reißfest und widerstandsfähig gegen Hitze. Ein besonderes Kennzeichen der Baumwolle ist ihre gute Saugfähigkeit. Sie kann ca. 20 % ihres Eigengewichtes an Feuchtigkeit aufnehmen, ohne sich naß anzufühlen, und bis zu 65 % ohne zu tropfen.

Sie trocknet jedoch langsam. Durch Mercerisieren (Behandlung mit Natronlauge bei gleichzeitigem Spannen) erhält die Baumwolle einen leichten Glanz und die Reißfestigkeit und Saugfähigkeit werden noch erhöht. Baumwolle ist nicht sehr wärmend. Durch Aufrauhen kann das Warmhaltevermögen verbessert werden. Baumwolle knittert stark und kann bei der Wäsche sehr einlaufen. Durch spezielle Behandlung – Veredelung – kann Baumwolle schrumpffrei und knitterarm (pflegeleicht) werden.

Pflege: je nach Veredelung. Kochwäsche – weiß und farbig – kann bis 95 Grad, Buntwäsche bis 60 Grad und feine Buntwäsche bis 40 Grad in der Waschmaschine gewaschen werden. Für Weißes sollten Sie ein Vollwaschmittel benutzen, für alles Farbige ein Feinwaschmittel oder ein Waschmittel ohne optische Aufheller. Frottierhandtücher und Unterwäsche werden im Trockner wunderbar weich, auch ohne Weichspüler. Allerdings ist die Einlaufgefahr sehr hoch. Sie sollten daher den Trockner nur verwenden, wenn es das Etikett erlaubt. Pflegeleicht ausgerüstete Baumwolle möglichst naß aufhängen, trocknen lassen und mit Einstellung „Wolle" bügeln. Ansonsten kann Baumwolle mit Bügeleinstellung Baumwolle/Leinen gebügelt werden, am besten leicht angefeuchtet oder mit Dampf.

Leinen

Die Leinenfaser wird aus dem Stengel der Flachspflanze gewonnen.

Rein Leinen

Eigenschaften: Leinen hat eine sehr glatte Oberfläche und ist dadurch matt glänzend, wenig schmutzanfällig und fusselt nicht. Leinen ist sehr saugfähig, es kann bis zu 23 % Nässe speichern und gibt die Feuchtigkeit schnell wieder ab. Es unterstützt dadurch die natürliche Klimaregelung des Körpers und ist für Sommer- und Tropenkleidung bestens geeignet. Leinen ist sehr strapazierfähig und naß noch reißfester als trocken. Allerdings ist Leinen durch den Pflanzenleim steifer und härter als Baumwolle und knittert – edel!

Pflege: Leinen ist kochfest. Je nach Veredelung sollte aber eine geringere Waschtemperatur gewählt werden: für Buntes 60 Grad und für pflegeleicht ausgerüstetes Leinen 40 Grad und Schonwaschgang. Als Waschmittel empfiehlt sich für weißes und gebleichtes Leinen ein Vollwaschmittel, für ungebleichtes und buntes Leinen ein Feinwaschmittel oder Waschmittel ohne optische Aufheller. Beachten Sie dabei immer die Pflegehinweise. Im Zweifelsfalle sehr empfindliche Teile besser in die Reinigung geben. Trocknen im Wäschetrockner ist möglich, es besteht jedoch Einlaufgefahr. Leinen verträgt beim Bügeln sehr viel Hitze, sollte aber immer angefeuchtet bzw. mit einem feuchten Tuch oder sehr viel Dampf gebügelt werden.

Stoffkunde

Wolle

Größter Woll-Lieferant ist das Schaf. Nach dem Textilkennzeichnungsgesetz dürfen mit dem Begriff außerdem noch feine Tierhaare, zum Beispiel Kaschmir und Mohair (beides Ziegenarten), Angora (Kaninchenhaar) sowie Alpaka, Lama und Kamelhaar bezeichnet werden. Bei der Kennzeichnung „100 % Wolle", „Reine Wolle" oder nur „Wolle" kann es sich um minderwertige Wolle oder Reißwolle, die aus benutzten Wollprodukten (Altkleidern) hergestellt wird, handeln. Die Bezeichnung „Schurwolle" darf nur verwendet werden, wenn die Wolle vom gesunden, lebenden Tier gewonnen wurde und nicht mehr als 7 % Fremdfasern enthalten sind. „Reine Schurwolle" dagegen darf nur bis 0,3 % Fremdfasern enthalten. Nur diese hochwertige Wollqualität darf mit dem Wollsiegel gekennzeichnet werden. Das Gütezeichen garantiert: Die Schurwolle ist vom internationalen Wollsekretariat geprüft.

REINE SCHURWOLLE

Eigenschaften: Wolle ist relativ schmutzunempfindlich und hat eine geringe Knitterneigung. Oft genügt es, wenn das Kleidungsstück in feuchter Luft ausgehängt wird. Dabei glätten sich nicht nur die Knitterfalten, sondern auch Gerüche, wie z. B. von Schweiß, Essen, Rauch, verschwinden. Wolle weist Wassertropfen ab, kann aber bis zu 40 % Feuchtigkeit in Form von Wasserdampf aufnehmen, trocknet jedoch langsam. Wolle kann sehr gut warm halten. Durch Walken (Filzen) kann das Warmhaltevermögen noch erhöht werden. Die Wolle wird dadurch auch winddicht.

Pflege: Wolle nur von Hand mit Fein- oder Wollwaschmittel waschen. Die Wassertemperatur darf 30 Grad nicht überschreiten. Wolle in viel Wasser vorsichtig ausdrücken, auf keinen Fall wringen oder rubbeln. Auch langes Einweichen mag Wolle nicht. Wolle, die „filzfrei" ausgerüstet ist, kann bei 30 Grad in der Maschine im Wollwaschgang gewaschen werden. Wolle nicht schleudern, sondern in ein Frottiertuch einrollen und das Wasser vorsichtig ausdrücken. Das Kleidungsstück nicht aufhängen, sondern liegend trocknen. Nicht im Wäschetrockner, in direkter Sonne oder auf der Heizung trocknen. Empfindliche Wollstoffe von Blazern, Hosen, Röcken usw. sollten Sie nicht selbst waschen, sondern reinigen lassen. Wolle bei mittlerer Hitze, Bügeleiseneinstellung Wolle, mit Dampf oder unter einem feuchten Tuch bügeln.

Seide

Echte Seide wird aus den Kokons der Maulbeerspinner, so heißt die gezüchtete Seidenraupe, gewonnen. Die edelste Seide ist die Haspelseide, der ca. 1000 m lange „endlose" Faden vom Kokonmittelteil. Die äußere und die stärker verklebte Innenschicht des Kokons werden zu Schappe- oder Bouretteseide verarbeitet. Aus den Kokons der wildlebenden Tussahspinner wird Wildseide gewonnen.

100%
Seide
Silk
Soie
Seta

Eigenschaften: Seide ist bei allen Temperaturen angenehm zu tragen, denn sie wärmt bei Kälte und kühlt bei Hitze. Alle Seidenstoffe können ca. die Hälfte ihres Gewichtes an Feuchtigkeit aufnehmen, ohne sich feucht anzufühlen. Seide gibt die Hautfeuchtigkeit schnell nach außen ab. Aber Vorsicht: Schweiß kann häßliche Flecken verursachen und die Seide brüchig machen;

deshalb immer Schweißblätter einnähen. Seide hat eine hohe Reißfestigkeit und ist je nach Qualität, Gewebeart und Ausrüstung sehr leicht und geschmeidig oder schwer und steif und dementsprechend mehr oder weniger knitteranfällig.

Pflege: Wer kein Risiko eingehen möchte, läßt chemisch reinigen. Unbedingt in die Reinigung gehören Taft, Seidenbrokat, Chiffon, Organza, Satin und Georgette. Auch bedruckte und dunkle Seidenstoffe sollten besser in die Reinigung, denn Seide „schluckt" sehr viel Farbe, die bei der Wäsche wieder „ausbluten" kann.
Wenn Sie Seide waschen möchten, dann nur von Hand, bei 30 Grad mit mildem Feinwaschmittel. Nicht reiben, bürsten, drücken und natürlich erst recht nicht schleudern oder wringen. Seide gut ausspülen, zunächst mit lauwarmem, dann mit kaltem Wasser. Dem letzten Spülgang kann ein wenig Essig zugegeben werden, das frischt die Farbe auf. Seide gehört auf keinen Fall in die Schleuder oder den Trockner. Die nassen Stücke vorsichtig in ein Tuch wickeln und die Nässe sanft herausdrücken. Seide nicht in direkter Sonne oder in der Nähe von Heizkörpern trocknen.
Seide mit mäßig warmem Eisen (Einstellung Seide) von links bügeln. Nach dem Waschen Wildseide erst bügeln, wenn sie ganz trocken ist, alle anderen Seidenarten bügeln, wenn sie noch leicht feucht sind. Seide nicht nachträglich befeuchten, das kann Wasserflecken hinterlassen.

Viskose
ist die „natürlichste" aller Chemiefasern. Die Zellulose wird zur Spinnmasse gelöst und ist nach dem Verfestigen wieder reine Zellulose ohne chemische Veränderungen. Viskose kann nach Bedarf glänzend oder matt, mit „Seiden-", „Baumwoll-", „Leinen-" oder „Wolloptik" hergestellt werden.

Eigenschaften: Viskose ist saugfähiger als Baumwolle, aber in nassem Zustand nicht sehr reißfest und strapazierfähig.

Pflege: Viskose kann von Hand oder in der Maschine im Schonwaschgang bei 30 bis 40 Grad mit Feinwaschmittel gewaschen werden. Viskose nicht reiben, wringen oder schleudern, sondern tropfnaß aufhängen oder in einem Tuch die Nässe vorsichtig herausdrücken. Nicht in den Wäschetrockner! Viskose mit mäßig warmem Eisen (Einstellung Seide) in feuchtem Zustand oder mit dem Dampfbügeleisen bügeln, aber immer unter einem Tuch. Viskose kann chemisch gereinigt werden.

Cupro
wird aus kurzen, feinen Fasern der Baumwolle gewonnen. Die Baumwolle wird aufgelöst, dann als Endlosgarn gesponnen. Matt glänzend und super fein sind diese Garne der Naturseide sehr ähnlich. Werden die Endlosgarne in kurze Stücke geschnitten und neu versponnen, bekommen sie eine wollig matte Optik.

Eigenschaften: Cupro verhält sich wie Seide: saugfähig und atmungsaktiv, angenehm kühl bei Hitze, wärmend bei Kälte.

Pflege: Maschinenwäsche (Schonwaschgang bei 30 bis 40 Grad) oder Handwäsche mit Feinwaschmittel. Nicht reiben, wringen oder schleudern. Nicht in den Wäschetrockner! Bügeln Sie nur von links mit mäßig warmem Eisen (Einstellung Seide), am besten, bevor das Teil ganz trocken ist.

Stoffkunde

Acetat, Triacetat
Im Gegensatz zu Viskose besteht die Faser nicht aus reiner Zellulose, sondern aus Zelluloseacetat.

Eigenschaften: Acetat und Triacetat haben eine leicht glänzende Oberfläche und sind optisch der Naturseide sehr ähnlich. Sie sind sehr formbeständig und knittern kaum. Acetat kann nur wenig Feuchtigkeit aufnehmen (ca. 6 %), trocknet aber schnell. Acetat ist sehr hitzeempfindlich und ist in Aceton löslich. Triacetat nimmt noch weniger Feuchtigkeit auf als Acetat, ist aber hitzeunempfindlich und kann formbeständig plissiert werden.

Pflege: Acetat bei 30 Grad von Hand oder in der Maschine im Schongang waschen. Auch chemisch reinigen ist möglich. Acetat nicht in den Trockner geben, sondern feucht aufhängen. Es trocknet schnell und muß kaum gebügelt werden. Muß gebügelt werden, dann nur von links unter einem Tuch und bei niedriger Temperatureinstellung.

Triacetat verträgt normale Maschinenwäsche bis 70 Grad und eine höhere Bügeltemperatur (Einstellung Seide/Wolle). Die übrigen Pflegeeigenschaften stimmen mit denen von Acetat überein.

Elasthan
Diese hochelastischen Fäden können bis zum Siebenfachen ihrer Länge gedehnt werden und ziehen sich dann wieder auf ihre ursprüngliche Länge zusammen. Elasthan – bekannte Markennamen sind Lycra, Dorlastan – wird selten „pur“, sondern mit anderen Fasern zusammen verarbeitet.

Eigenschaften: Elasthan macht Stoffe dauerhaft elastisch und ist wie alle synthetischen Chemiefasern knitterarm, pflegeleicht und strapazierfähig.

Pflege: Für alle Stoffe mit Elasthan-Anteil gilt: Feinwaschmittel und nicht in den Trockner. Die Wasch- und Bügeltemperatur richtet sich danach, mit welcher Faser Elasthan verarbeitet wurde.

Polyamid
Die bekanntesten Markennamen sind Perlon, Nylon und Helanca.

Eigenschaften: im wesentlichen wie Polyester. Polyamid hat im Vergleich zu allen anderen synthetischen Chemiefasern die höchste Reiß- und Scheuerfestigkeit.

Pflege: wie Polyester. Da Polyamid etwas hitzeempfindlicher ist, sollen 40 Grad Waschtemperatur nicht überschritten werden. Bügeln nur bei niedrigster Temperatureinstellung.

Polyacryl
Die bekanntesten Markennamen: Dralon, Dolan, Orlon.

Eigenschaften: im wesentlichen wie Polyester. Polyacryl wird fast ausschließlich als hochbauschige, gekrauste Spinnfaser hergestellt und ist daher im Griff der Wolle sehr ähnlich.

Pflege: wie Polyester, jedoch nur bei 30 Grad waschbar. Trocknen im Wäschetrockner ist nicht möglich!

Microfasern
Trevira Finess, Belseta, Tactel, Diolen Sportant – werden aus Polyester oder Polyamid hergestellt.

Eigenschaften: Die einzelnen endlos langen Fäden oder Fasern sind zehnmal so fein wie der Faden der Seidenraupe und werden zu feinen Garnen verarbeitet. Aus diesen feinen Garnen entstehen Gewebe, die so dicht sind, daß sie Wind und Regen abweisen, aber gleichzeitig dampfförmige Feuchtigkeit (Schweiß) nach außen durchlassen (= atmungsaktiv). Da sie die Hautfeuchtigkeit nicht aufsaugen, sondern an die Außenseite weiterleiten, wo sie verdunstet, sind sie auf der Haut immer angenehm trocken. Stoffe aus Microfaser sind extrem weich und leicht und haben außerdem all die guten Eigenschaften, die wir bei herkömmlichen synthetischen Fasern schätzen, wie reißfest, pflegeleicht usw.

Pflege: Microfaserstoffe können bei 40 Grad mit Feinwaschmittel im Schongang in der Waschmaschine gewaschen werden. Keinen Weichspüler verwenden, da sonst das Gewebe seine wasserabweisende Wirkung verliert. Nicht schleudern oder in den Trockner geben, sondern tropfnaß aufhängen. Bügeln mit mäßig warmem Eisen (Einstellung Seide) – ist aber meist nicht nötig.

Polyester

ist die vielseitigste der synthetischen Chemiefasern. Die bekanntesten Markennamen sind: Trevira, Tergal, Diolen, Dacron.

Eigenschaften: sehr strapazierfähig. Polyester ist sehr gut thermofixierbar, dadurch sind Bügel- und Plisseefalten besonders haltbar. Polyester ist formbeständig und knitterarm, licht-, motten- und verrottungsbeständig, weich und geschmeidig. Polyester nimmt wenig Feuchtigkeit auf.

Pflege: Polyester kann bei 40 Grad in der Waschmaschine gewaschen werden. Einige Polyesterfasern vertragen auch 60 Grad – Pflegeetikett beachten! Bei zu hohen Temperaturen können Waschknitter entstehen, die nur schwer zu entfernen sind. Für Weißes kann Vollwaschmittel verwendet werden, für Buntes ist Feinwaschmittel empfehlenswert. Polyester nicht trockenschleudern, sondern nur leicht anschleudern, es trocknet schnell. Strickwaren wie Wolle liegend trocknen. Bei geringer Temperatur kann Polyester auch im Wäschetrockner getrocknet werden, dabei aber immer das Pflegeetikett beachten, da dauerhafte Knitterfalten entstehen können. Wer sichergehen will, verzichtet auf den Trockner. Polyester ist weitgehend bügelfrei. Muß gebügelt werden, dann nur mit mäßig warmem Bügeleisen (Einstellung Seide) und unter einem Tuch. Chemisch reinigen ist möglich.

Stoffbezeichnungen von A–Z

Ajour
Gewebe oder Strickstoffe mit feinen, stickereiähnlichen Durchbrüchen.

Ausbrenner
Sammelbezeichnung für Gewebe, bei denen durch Ausrüstung eine durchscheinende, spitzenartige Musterung entsteht.

Batist
Feinfädiger leichter Stoff in Leinwandbindung, aus Baumwolle, Leinen, Wolle oder Chemiefasern.

Belseta
Microfaser-Gewebe mit pfirsichhautähnlicher, aufgerauhter und geschmirgelter Oberfläche – auch Veloursledererimitat.

Borkenkrepp
Stoff mit baumrindenartiger (borkiger) Oberfläche (2).

Bouclé
Gewebe mit unregelmäßiger, noppiger Oberfläche, die durch Garne mit knotenartiger Verdickung entstehen (3).

Brokat
Jacquardgewebe, häufig mit Glanzgarnen. Der Name stammt aus dem Italienischen und bedeutet bestickt (1).

Changeant
Durch verschiedenfarbige Kett- und Schußfäden entsteht ein schillerndes, changierendes Aussehen.

Chenille
Samtähnliches Gewebe, mit Flor (Härchen) auf beiden Seiten (4).

Chiffon
Hauchzartes, feines, fließendes Gewebe aus Seiden- oder Chemiefaser-Kreppgarnen, mit unregelmäßigem Oberflächenbild und sandigem Griff.

Chintz
Glänzendes Baumwollgewebe mit wie gewachst wirkender Oberfläche. Durch Imprägnierung schmutz- und wasserabweisend.

1

2

3

4

5

Cloqué
„Blasenkrepp“ aus zwei webtechnisch miteinander verbundenen Gewebelagen. In der Ausrüstung zieht sich das untere Gewebe zusammen, das obere bildet unregelmäßige Blasen (5). Cloqué nicht bügeln.

Cord
Gewebe mit samtartigen Längsrippen vom Babycord – feine Rippen – bis zum Breitcord (6).

Crêpe de Chine
Hauchfeiner, transparenter Stoff mit unruhiger Oberfläche aus Seide oder Chemiefasern.

Crespo
Relativ leichte Stoffe in Leinwandbindung mit körniger Struktur aus Kreppgarnen.

Crinkle, Crash
Vorgeknitterte Soffe. Mehr oder weniger ausgeprägte Knitter, meist in Längsrichtung (10).

Denim
Jeansstoff, bei dem nur der Kettfaden gefärbt ist. Der Schußfaden ist weiß. Durch die Bindung ist die Oberseite überwiegend blau (= Blue Denim) oder schwarz (= Black Denim), die Unterseite überwiegend weiß (7).

Double face
Doppelgewebe mit zwei verschiedenen Warenseiten, die beide als rechte Seite verwendet werden können.

Duchesse
Stark glänzender, hochwertiger Satin aus Seide oder Chemiefaser (9).

Façonné
Stoff mit kleinen Mustern, die durch Bindungswechsel (unterschiedliche Webarten) entstehen, meist mit Matt-glänzend-Effekt (8).

6

7 *8* *9* *10*

Stoffkunde

Fil-à-fil
Gewebe mit treppchenförmiger Kleinmusterung, die durch den Wechsel von hellen und dunklen Kett- und Schußfäden entsteht.

Flanell
Sammelbegriff für ein- oder beidseitig gerauhte Gewebe aus Baumwolle, Viskose oder Wolle.

Flausch
Weiche, voluminöse Stoffe mit langer Haardecke.

Fleece
siehe Thermo-Velours.

Frottier
Voluminöses, weiches Schlingengewebe. Die Schlingen entstehen beim Weben.

Fischgrat
Durch verschiedenfarbige Garne in Kette und Schuß unterstützte Gewebemusterung in abgesetzter Köperbindung mit wechselnder Gratrichtung (3).

Gabardine
Dichtes Gewebe aus Baumwolle, Wolle oder Chemiefasern mit ausgeprägtem Köpergrat (diagonal verlaufender Streifeneffekt), der auf der rechten Stoffseite immer von links unten nach rechts oben verläuft (4).

Georgette
Auch Crêpe Georgette. Gewebe aus stark überdrehten Kreppgarnen mit unruhiger, fein strukturierter Oberfläche. Die Stoffe sind weich, fließend und haben einen sandigen Griff.

Gewaschene Seide
Seidengewebe, das durch Waschen und Schmirgeln eine leicht aufgerauhte, pfirsichhautähnliche Oberfläche erhält. Gewaschene Seide heißt nicht, daß diese Seide problemlos gewaschen werden kann. Wer sichergehen will, läßt chemisch reinigen.

Glencheck
Überkaro, markant heraustretend oder Ton in Ton, das über einem karoähnlichen Kleinmuster liegt (5).

Gobelin
Buntgemustertes Gewebe mit stumpfen Farben und verschwommenen Farbübergängen.

Hahnentritt
Kleine karoähnliche Musterung. Typisch die diagonalen Verlängerungen an den Karoecken (2).

Jacquard
Sammelbegriff für alle Gewebe, bei denen die Musterung durch Bindungswechsel entsteht. Durch Verwendung von unterschiedlichen Garnen in Kette und Schuß, z. B. matt und glänzend, hell und dunkel, kann dieser Effekt noch betont werden (1).

Jeansstoffe
Stoffe vorwiegend in Baumwollcharakter, oft angerauht und vorgewaschen, um die für Jeansbekleidung typische leicht abgestoßene bzw. ausgewaschene Optik zu erhalten (9).

Jersey
Sammelbegriff für die verschiedensten Maschenwaren, vom leichten Polojersey bis zum dicken Wolljersey.

Köper
Grober Baumwollstoff mit leichtem Diagonaleffekt.

Krepp
Sammelbegriff für alle Gewebe, die durch überdrehte Garne (Kreppgarne), Bindung (Webart) oder Prägeeffekt eine körnige, narbige Oberfläche erhalten.

Lavabel
Gut waschbares, weiches, kreppähnliches, fließendes Gewebe mit glatter Oberfläche aus Seide oder Chemiefasern.

Lamé
Glänzendes, schillerndes Gewebe durch Metallfäden oder andere glänzende Effektgarne (6).

Leder
Tierische Haut. Man unterscheidet zwischen Nappaleder (= glatte Oberfläche) und Veloursleder (= aufgerauhte Oberfläche).

Loden
Mittelschwere bis schwere Wollstoffe, die durch Walken (Filzen) sehr dicht und strapazierfähig sind. Man unterscheidet Strichloden (= aufgerauhte, langhaarige, in eine Richtung gelegte Flordecke) und Tuchloden (= mit einer stumpfen, strichlosen, filzähnlichen Oberfläche) (11).

Matelassé
Doppelgewebe mit reliefartiger, ausgepolsterter Musterung.

Moiré
Querripsgewebe mit wellenförmiger Musterung, die durch Pressen (Kalandern) erzielt wird (8).

Musselin
Leicht und locker gewebter Stoff in Leinwandbindung, vorwiegend aus Baumwolle oder Wolle (10).

Nickistoffe
Auch Wirkplüsch. Feiner Jersey mit samtähnlicher, kurzfloriger Oberfläche.

Organza
Transparentes, steifes Gewebe in Leinwandbindung.

Pannesamt
Stark glänzender Samt mit gepreßtem Flor (7).

Papillon
Wollpopeline mit leicht rippigem Charakter.

11
9
10

7
6
8

Stoffkunde

Paillettenstoffe
Auf einen gewebten oder gewirkten Stoff sind kleine Metall- oder Kunststoffplättchen aufgestickt.

Pepita
Gewebe mit kleinen hell-dunklen Karos, die im Gegensatz zu Hahnentritt nicht zackig erscheinen (6).

Pelzimitation
Sammelbegriff für gewebte oder gewirkte Stoffe mit dichter Haardecke, die in Länge und Färbung echten Pelzen täuschend ähnlich sein können. Sie werden auch „Funfurs“ genannt (1).

Pikee
Doppelgewebe mit reliefartiger Musterung, die wie gesteppt aussieht (3).

Popeline
Gewebe mit feinen Querrippen, die durch sehr feine Kettfäden (Längsfäden) und etwas grobere Schußfäden (Querfäden) entstehen.

Renforcé
Mittelfeines Baumwollgewebe in Leinwandbindung.

Reversible
Stoffe, die zwei „schöne“, aber unterschiedliche Seiten haben, zum Beispiel eine kreppartige, matte Oberseite und eine glänzende, glatte Unterseite.

Rippenstrickstoff
Durch Rechts-links-Maschenstruktur meist dehnbarer Strickstoff (5).

Rips
Gewebe mit ausgeprägten Rippen, hauptsächlich in Querrichtung (2).

Romanitjersey
Schwere, nur leicht dehnbare doppelflächige Maschenware, meist aus hochwertiger Schurwolle, die auf beiden Seiten „rechte“ Maschen zeigt (4).

Samt
Gewebe mit einer dichten, senkrecht stehenden, ca. 2 bis 3 mm langen Haardecke. Samt wird gegen den Strich zugeschnitten.

Satin
Durch Bindung (Webart) sehr glattes, glänzendes Gewebe mit geschmeidigem Fall.

Seersucker
Gewebe, das zeilenweise oder durchgehend eine baumrindenähnliche, borkige Oberfläche hat. Bei „echtem" Seersucker wird dieser Effekt durch Bindung, bei „falschem" Seersucker durch Ausrüstung (chemische Behandlung) erreicht (7).

Spitze
gibt es in vielen Variationen, von Hand oder maschinell hergestellt. Spitze kann gestickt (Plauener Spitze), gewebt (Bobinet-Spitze), geklöppelt (Valenciennes-Spitzen) oder gehäkelt (Galonspitze) sein.

Strickstoff
Grobere, dem Handgestrickten ähnliche Maschenware (12).

Sweatshirtstoffe
Meist innen aufgerauhter Trikotstoff oder Jersey, aus Baumwolle oder Baumwollmischungen (11).

Taft
Gewebe aus Naturseide oder Chemiefaser. Taft ist durch Ausrüstung (chemische Behandlung) steif und daher sehr knitteranfällig.

Thermovelours (auch Fleece)
Auf beiden Seiten stark aufgerauhter, flauschiger Stoff aus Microfaser, gut warm haltend, atmungsaktiv (8).

Tuch
Wollstoff in Tuchbindung (Leinwandbindung), der durch Walken und anschließendes Rauhen eine filzartige Oberfläche hat (9).

Tüll
Durchbrochenes, netzartiges Gewebe, meist mit wabenförmiger Struktur.

Tweed
Stoff aus groben, melierten, noppigen Garnen mit Handwebcharakter. Kette und Schuß sind meist verschiedenfarbig.

Velours
Sammelbegriff für weiche, geraute Stoffe mit dichtem kurzem Flor.

Vichy
Zweifarbige, kontrastreiche Blockkaros, aus Baumwolle oder Mischgeweben (10).

Voile
Durchscheinendes Gewebe in Leinwandbindung, meist aus Baumwolle.

So nehmen Sie richtig Maß

Perfekte Paßform wie bei der Haute Couture – für Hobbyschneiderinnen kein Problem. Das Geheimnis: Sie kennen ihre individuellen Maße, können sich ihre Mode also auf den Leib schneidern!

Bitten Sie Ihre Freundin beim Messen um Hilfe. Das ist einfacher und genau. Und nehmen Sie Ihre Maße pur, sprich auf der Wäsche. Das ist Voraussetzung für die richtige Schnittgröße, denn auch die Tabellenmaße sind am Körper gemessene Maße. Markieren Sie dabei die Taille mit einem Band. Wo und wie gemessen wird, zeigen die Zeichnungen rechts.

Tip

Mogeln beim Maßnehmen lohnt sich nicht, denn spätestens bei der Anprobe müßten Sie das Kleidungsstück um die gemogelten Zentimeter korrigieren.

1 Oberweite
über die stärkste Stelle der Brust

2 Taillenweite
in der Taille über dem Taillenband

3 Hüftweite
über die stärkste Stelle des Pos

4 Brusttiefe
von der höchsten Stelle der Schulter (Halsansatz) bis zur Brustspitze

5 Vordere Taillenlänge
von der höchsten Stelle der Schulter über die Brustspitze bis zum unteren Rand des Taillenbandes

6 Rückenlänge
vom untersten Halswirbel (steht leicht vor) bis zum unteren Rand des Taillenbandes

7 Schulterbreite
vom Halsansatz bis zur Armkugel

8 Ärmellänge
bei leicht angewinkeltem Arm von der Armkugel über den Ellbogen bis zum Handgelenk

9 Oberarmweite
über die stärkste Stelle des Oberarms

10 Halsweite
am Halsansatz

Burda-Maßtabellen
Damengröße bei Körpergröße 168 cm

Größe		*34*	*36*	*38*	*40*	*42*	*44*	*46*
Oberweite	cm	80	84	88	92	96	100	104
Taillenweite	cm	62	66	70	74	78	82	86
Hüftweite	cm	86	90	94	98	102	106	110
Brusttiefe	cm	25	26	27	28	29	30	31
Vord. Taillenlänge	cm	43	44	45	46	47	48	49
Rückenlänge	cm	41	41	42	42	43	43	44
Schulterbreite	cm	12	12	12	13	13	13	13
Ärmellänge	cm	59	59	60	60	61	61	61
Oberarmweite	cm	26	27	28	29	30	31	32
Halsweite	cm	34	35	36	37	38	39	40

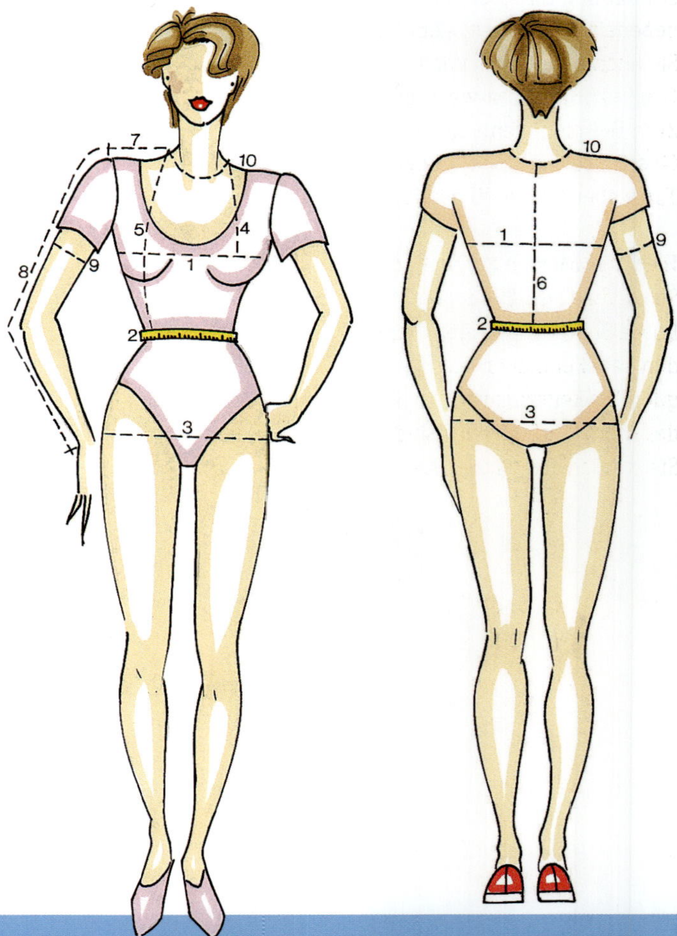

Vergleichen Sie diese Maße mit den Tabellenmaßen. Wählen Sie die Größe, die Ihren Maßen am nächsten kommt. Als Faustregel gilt: Für Kleider, Blusen, Jacken und Mäntel wählen Sie die Schnittgröße nach der Oberweite, für Röcke und Hosen nach der Hüftweite.

Ändern Sie, falls erforderlich, die Schnitte um die Zentimeter, um die Ihre Maße von den Tabellenmaßen abweichen. Da jeder Schnitt mehrere Größen enthält und die Größenlinien nebeneinanderliegen, können Sie auch problemlos von einer Größe zur anderen wechseln. Zum Beispiel, wenn Sie bei der Oberweite Größe 38, in der Taille aber Größe 40 benötigen.

Wichtig: Messen Sie nicht die Schnitteile aus. Denn alle Burda-Schnitte enthalten außer den Tabellenmaßen die Bequemlichkeitszugaben, die für das Modell erforderlich sind. Sie wählen also immer die gleiche Schnittgröße, egal, ob Sie eine weite Hemdbluse, ein schmales, figurbetontes Kleid, einen taillierten Blazer oder einen geradegeschnittenen Mantel nähen.

Übrigens: Gehen Sie nicht von Ihrer Konfektionsgröße aus. Sie ist nicht unbedingt mit der Burda-Größe identisch. Wie alle Designer hat auch unser Team seine eigene „Handschrift". Also: Maß nehmen!

Hosenmaße
Grundlage für die richtige Schnittgröße ist die Hüftweite. Außer der Hüftweite wird die Taillenweite, und als Kontrollmaße werden die seitliche Hosenlänge, die innere Beinlänge, die Sitzhöhe und die Oberschenkelweite gemessen.

1 Taillenweite
in der Taille über dem Taillenband

2 Hüftweite
über der stärksten Stelle des Pos

3 Seitliche Hosenlänge
von der unteren Kante des Taillenbandes bis zum Knöchel

4 Innere Beinlänge
auf der Beininnenseite vom Schritt bis zum Knöchel

5 Oberschenkelweite
über der stärksten Stelle des Oberschenkels

6 Sitzhöhe
bei aufrechter Sitzhaltung von der unteren Kante des Taillenbandes bis zur Sitzfläche

Die Kontrollmaße sind nicht in der Maßtabelle aufgeführt. Messen Sie diese Maße an den Papierschnitteilen nach. Bedenken Sie dabei jedoch, daß die Oberschenkelweite, außer der Bequemlichkeitszugabe (ca. 4 cm), eine modellbedingte Zugabe enthalten kann. Auch die Sitzhöhe ist modellbedingt. Eine hautenge Hose soll auch im Schritt hautnah sitzen, während eine Bundfaltenhose oder eine bequeme, weite Hose etwas tiefer ausgeschnitten ist.

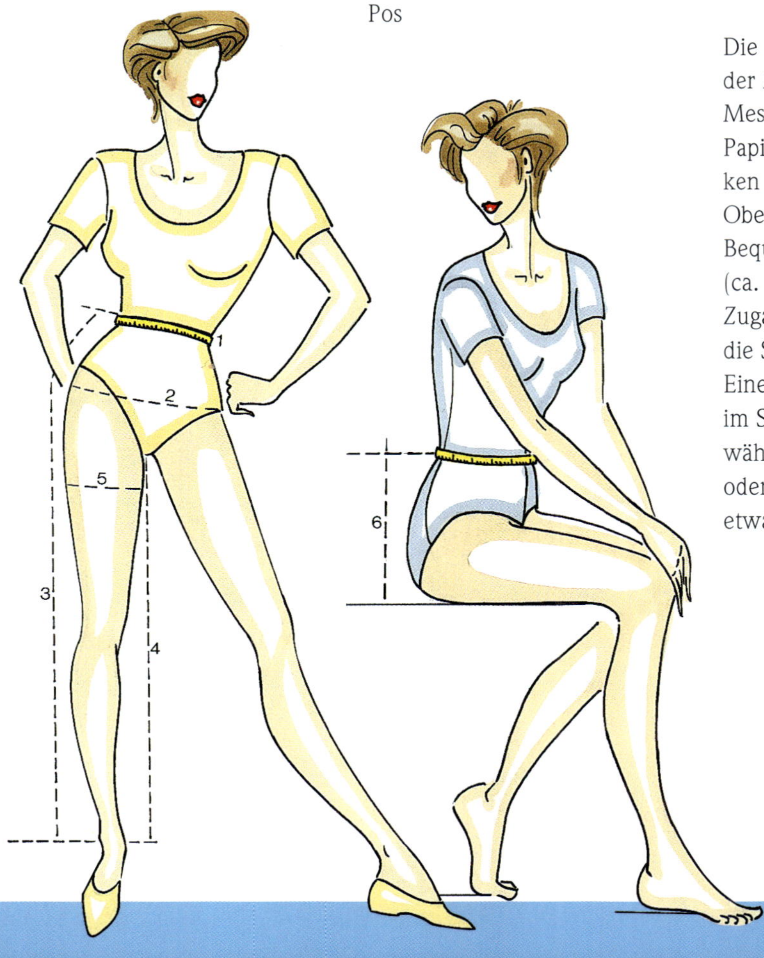

Zuschneiden – das A und O beim Nähen

Nicht einfach drauflosschneiden – gut vorbereitet geht's besser. Hier die wichtigsten Tips und alle Fachbegriffe rund ums Zuschneiden.

Tip

Bei Baumwolle und Leinen besteht oft „Einlaufgefahr". Damit Sie später beim ersten Waschen des fertigen Kleidungsstückes keine böse Überraschung erleben, den Stoff schon vor dem Zuschneiden waschen und evtl. in den Trockner geben.

1. Stoffe vor dem Zuschneiden bügeln

Grundsätzlich alle Stoffe vor dem Zuschneiden bügeln – Wollstoffe und Stoffe mit Elastikanteil immer unter einem feuchten Tuch! Liegt der Stoff doppelt, von beiden Seiten aus bügeln. Die Bruchkante nicht einbügeln, sondern den Stoff auseinanderfalten und auch die Bruchkante glattbügeln.

2. Die Stoffenden sollten gerade sein

Reißen geht am schnellsten: An einer Webkante ca. 3 cm einschneiden und bis zur anderen Webkante durchreißen. Geht das nicht, einen oder zwei nebeneinanderliegende Gewebefäden anziehen und entlang dieser Markierung schneiden (1). Oder: Die Stoffenden so lange „ausfransen", bis ein Querfaden von einer zur anderen Webkante reicht.

3. Der Stoff darf nicht verzogen sein

Falten Sie den Stoff der Länge nach zur Hälfte, die Webkanten liegen aufeinander. Ergeben sich dabei Schrägzüge, muß der Stoff gereckt werden: Die Schnittkanten aufeinanderlegen, mit den Händen zusammenfassen und den Stoff der Länge nach spannen. Anschließend den Stoff diagonal – von Ecke zu Ecke – spannen.

Fachbegriffe

Webkanten

= seitliche Abschlußkanten des Stoffes. Da die Webkanten fast immer etwas steifer sind und eine andere Struktur haben als der restliche Stoff, sollten Sie die Webkanten beim Zuschneiden nicht einbeziehen.

Stoffbruch

Wenn ein Stoff gefaltet wird, entsteht eine Bruchkante (= der Stoffbruch). Ist am Schnitteil eine Kante mit STOFFBRUCH gekennzeichnet, so muß diese Kante exakt auf der Bruchkante des Stoffes liegen.

Die Strichrichtung

Alle Stoffe mit haariger Oberfläche, wie z. B. Samt, Nicki, Cord, Flausch usw., haben Strichrichtung. Wenn Sie parallel zur Webkante über diese Stoffe streichen (2), können Sie es fühlen: die Härchen legen sich (= „mit dem Strich"), sie sträuben sich (= „gegen den Strich"). Bei Stoffen mit Strichrichtung müssen alle Schnittteile in einer Richtung auf den Stoff gelegt werden: Samt gegen den Strich, alle anderen mit dem Strich!

1

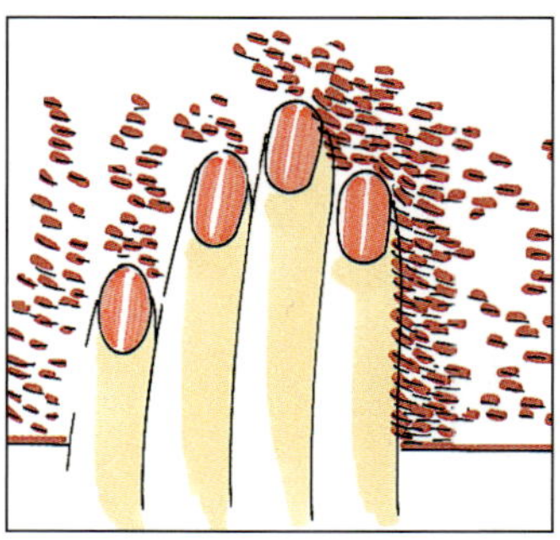

2

Der Fadenlauf

Der richtige Fadenlauf ist wichtig. Er ist ausschlaggebend für den korrekten Fall des Kleidungsstückes und entspricht dem Kettfaden (Längsfaden) des Stoffes. Das heißt, die Schnitteile müssen immer so auf den Stoff gelegt werden, daß der im Schnitteil eingezeichnete Fadenlauf parallel zu den Webkanten verläuft. Stecken Sie dazu das Schnitteil zunächst nur am oberen Ende des eingezeichneten Fadenlaufs auf den Stoff. Messen Sie den Abstand vom Fadenlauf bis zur Webkante. Das andere Ende des Fadenlaufs stecken Sie im gleichen Abstand zur Webkante fest (1). Dann stecken Sie das Schnitteil ringsum auf den Stoff.

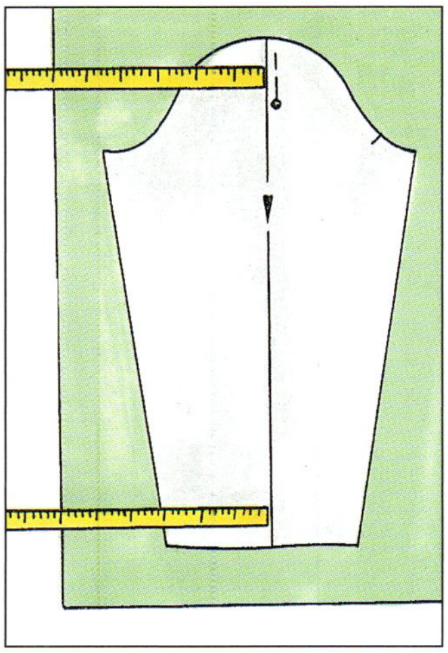

1

Die Musterrichtung

Viele Stoffe haben eine Musterrichtung. Bei unserem Beispiel (2) ist das gut zu erkennen. Die Blütenstiele zeigen nach unten. Bei allen Stoffen mit Musterrichtung müssen Sie die Schnitteile so auf den Stoff stecken, daß die unteren Kanten in die gleiche Richtung zeigen.

richtig

2

falsch

Der Stoffverbrauch

Unsere Stoffverbrauchsangaben und die Zuschneidepläne richten sich immer nach dem Originalstoff. Stimmt der von Ihnen gekaufte Stoff mit dem Originalstoff überein, so können Sie sich ganz auf den Zuschneideplan verlassen. Der Stoffverbrauch muß jedoch neu berechnet werden, wenn Sie – entgegen den Angaben zum Originalstoff – eine andere Stoffbreite oder einen Stoff mit Musterrichtung wählen. Am einfachsten geht's, wenn Sie ein Bettuch der Stoffbreite entsprechend zusammenfalten, alle Schnitteile probeweise auflegen – dabei den Fadenlauf beachten – und ausmessen, wieviel Stoff Sie benötigen. Oder: Nehmen Sie alle Schnitteile zum Einkauf mit. Ihr Stoffgeschäft wird Sie gern beraten.

Tip

Wenn Sie Nähanfängerin sind, sollten Sie auf glatte, rutschende Stoffe wie Seide, Viskose und Cupro sowie auf Karos und Streifen vorerst verzichten. Diese würden Ihnen das Nähen unnötig erschweren. Lassen Sie sich beim Stoffkauf beraten. Scheuen Sie sich nicht, darauf hinzuweisen, daß Sie noch keine versierte Näherin sind.

Zuschneiden

Der Zuschneideplan
zeigt die günstigste Anordnung der Schnitteile auf dem Originalstoff. Bei vielen Stoffen sind die Webkanten härter als der restliche Stoff, so daß wir bei der Stoffberechnung die Webkanten nicht mit einbeziehen. Ist der Stoff gefaltet, liegt die rechte Stoffseite innen. Muß bei einfacher Stofflage zugeschnitten werden, liegt bei unseren Zuschneideplänen immer die rechte Stoffseite oben.

Das ist der ideale Zuschneideplan (1). Der Stoff ist der Länge nach zur Hälfte gefaltet, und alle Schnitteile liegen in einer Richtung. Das heißt, Sie können jeden Stoff, egal ob mit oder ohne Musterrichtung, verwenden.

Wenn die Saumkanten – wie bei diesem Zuschneideplan (2) – nicht in eine Richtung zeigen, heißt es aufpassen. So können nur Stoffe ohne Strich- bzw. Musterrichtung zugeschnitten werden.

Wichtig: Alle Schnitteile, die auf unseren Zuschneideplänen mit durchgehender Linie aufgezeichnet sind, mit der beschrifteten Seite nach oben, Schnittteile mit unterbrochener Linie mit der beschrifteten Seite nach unten auf den Stoff stecken.

Schnitteile, die im Zuschneideplan über den Stoffbruch ragen (3), werden zuletzt bei einfacher Stofflage zugeschnitten. Dazu den Stoffrest mit der linken Seite nach oben auf den Tisch legen. Das Papierschnittteil auf den Stoff stecken (4). Die Nahtzugaben rings um das Papierschnitteil aufzeichnen (siehe „Nahtzugaben" rechts). Zuschneiden. Den restlichen Stoff so auf den Tisch legen, daß die rechte Seite oben ist. Das bereits zugeschnittene Teil rechts auf rechts auf den Stoff stecken (5) und das zweite Teil zuschneiden.

Tip

Sind Schnitteile, die im Stoffbruch zugeschnitten werden müssen, im Zuschneideplan nicht an der Bruchkante des Stoffes eingezeichnet, wie in Beispiel 3 die Kragenteile und die Passe, können Sie sich das Zuschneiden erleichtern, wenn Sie diese Teile noch ein zweites Mal vom Schnittbogen abpausen und die Schnitteile an der mit Stoffbruch gekennzeichneten Kante aneinanderkleben.

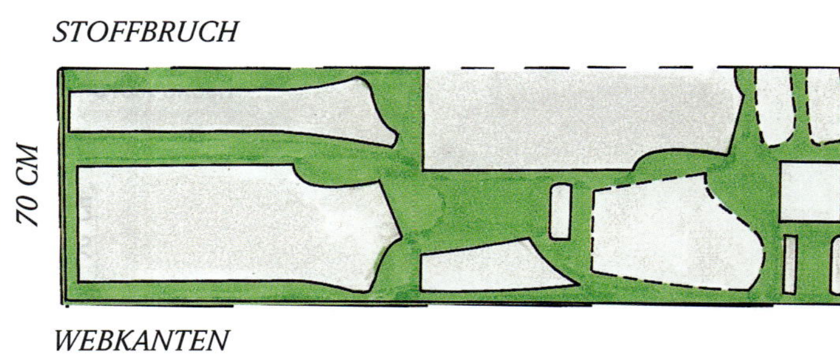

1

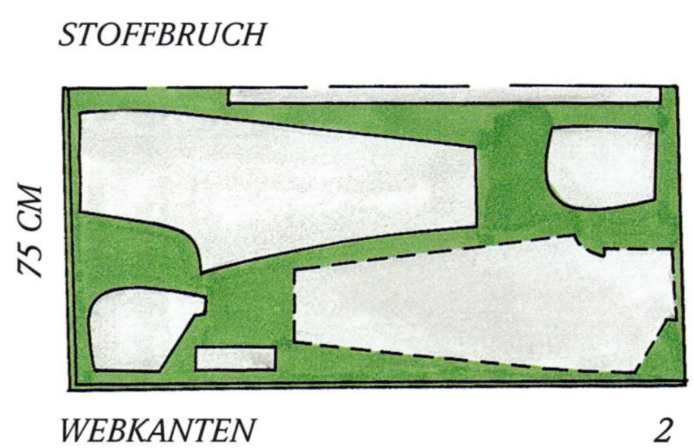

2

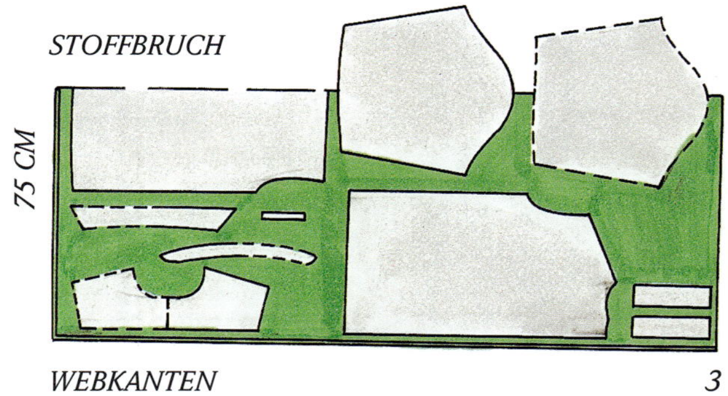

3

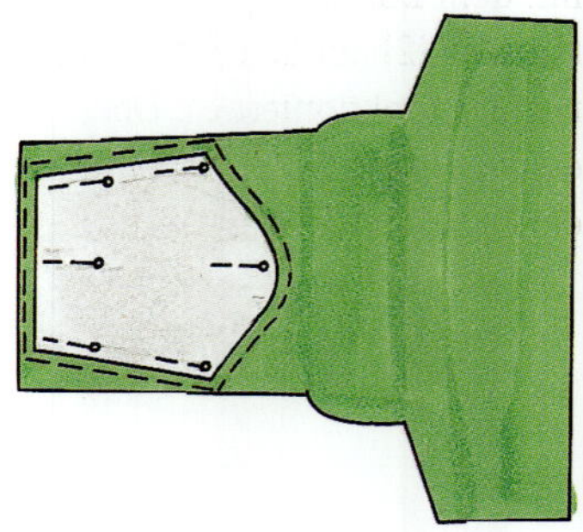
4

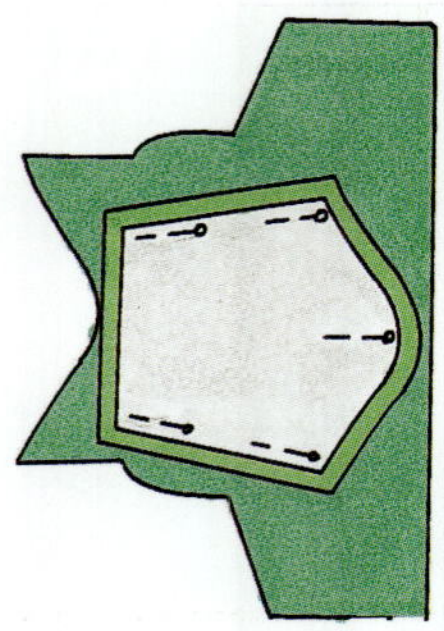
5

Die Nahtzugabe
Gleichmäßig breite Nahtzugaben erleichtern später das Nähen. Denn bei aufeinanderliegenden Stofffrändern liegen auch die Nahtlinien aufeinander. Zeichnen Sie deshalb rings um die Papierschnitteile die Naht- und Saumzugaben mit einem Zentimetermaß und Schneiderkreide auf den Stoff (1). Faustregel: 2 bis 5 cm für Säume, 1,5 cm an allen anderen Kanten und Nähten.

Schnell und einfach können Sie die Naht- und Saumzugaben mit dem Burda-Doppel-Kopierrädchen (2) auf den Stoff zeichnen. So funktioniert es: Über einem der beiden Rädchen ist ein Kreidebehälter befestigt. Setzt man das Rädchen in Bewegung, entsteht eine Kreidespur. Das Kreiderädchen läßt sich auf 1,5 cm, 2,5 cm und 4 cm Breite einstellen. Wenn Sie mit dem kreidefreien Rädchen entlang den Papierschnittkanten rädeln, zeichnet das Kreiderädchen automatisch die Nahtzugaben auf den Stoff (zu bestellen beim Burda-Hobby-Service).

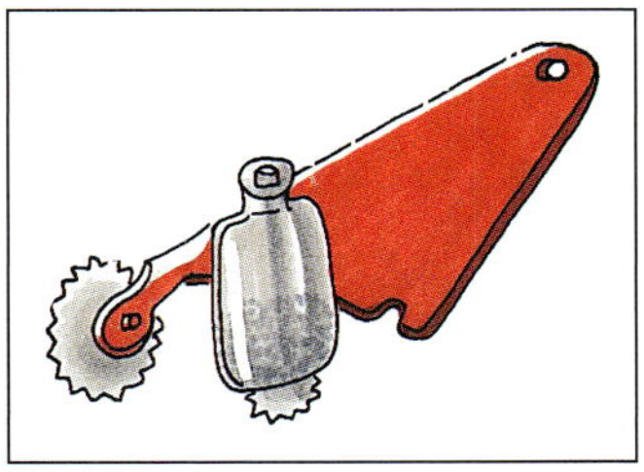
2

Schrägstreifen
dürfen nicht irgendwie schräg, sondern müssen genau im 45-Grad-Winkel zur Webkante zugeschnitten werden. Am einfachsten geht's, wenn Sie ein Stoffstück mit Webkante haben. Falten Sie das Stoffstück so, daß die Webkante einen rechten Winkel bildet. Dann ist die Bruchkante der exakte schräge Fadenlauf (3). Die Bruchkante leicht anbügeln und aufschneiden. Oder: Den Stoff auseinanderfalten, die Bruchkante mit Schneiderkreide oder einem Faden markieren und wieder flach bügeln.
Ist am Stoffrest keine Webkante mehr, schneiden Sie den Stoff an einem Ende fadengerade. Dazu einen Gewebefaden anziehen und entlang dieser Markierung schneiden. Diese fadengerade Kante wie bei Zeichnung 3 falten.

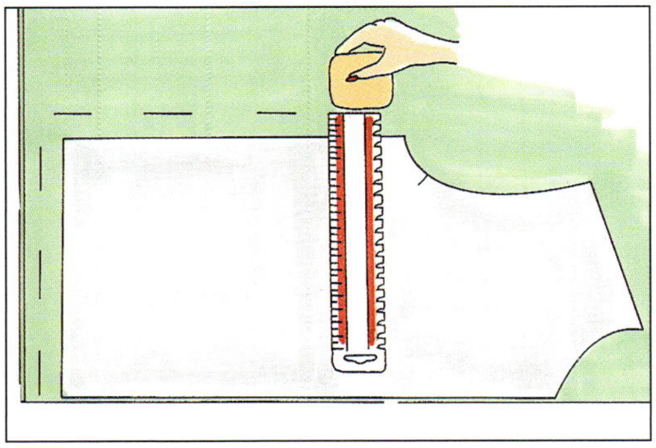
1

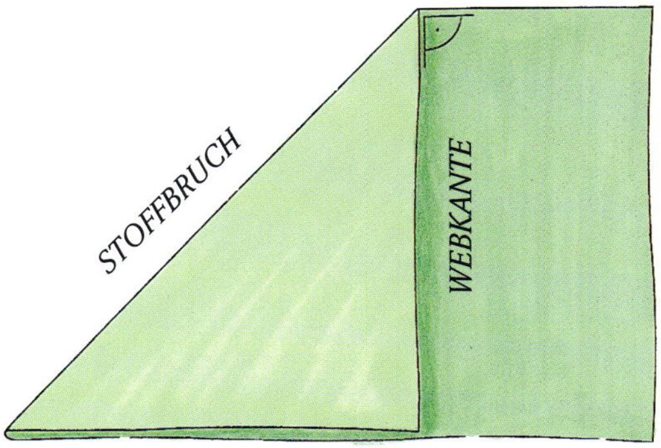

3

Noch ein paar Tips

Stumpf gewordene Schneiderkreide können Sie mit einem Messer spitzen.

Sehr glatte, rutschende Stoffe, wie z. B. Seide, Viskose, Cupro, lassen sich besser zuschneiden, wenn Sie ein Bettlaken aus Leinen oder Frottier als rutschhemmende Unterlage verwenden.

Bei grobmaschigen Strickstoffen und dicken, voluminösen Stoffen nicht die normalen Stecknadeln verwenden, sondern die etwas längeren Schwesternnadeln (Prym) mit großen Glasköpfen.

Für Stoffe, bei denen die Nadeleinstiche sichtbar bleiben, z. B. Lackstoffe, oder für Stoffe, die sich schlecht stechen lassen, z. B. Paillettenstoffe, die Schnitteile nicht feststecken, sondern mit Klebeband festkleben.

Nahtlinien auf dem Stoff markieren

Zuschneiden und dann gleich nähen – das ist bei einem lässigen Shirt oder einer weiten Gummizughose auch für eine nicht so geübte Näherin möglich. Vorausgesetzt, die Teile sind exakt zugeschnitten. Bei aufwendigen Modellen ist es empfehlenswert, die Nahtlinien und evtl. in den Schnittteilen eingezeichnete Markierungen auf den Stoff zu übertragen.

Kopieren

Mit Burda-Kopierpapier – erhältlich im Doppelpack Weiß/Gelb und Rot/Blau – und einem Kopierrädchen geht's schnell und einfach: Kopierpapier mit der beschichteten (färbenden) Seite nach oben auf den Tisch legen. Die zugeschnittenen Teile auf das Kopierpapier legen. Entlang den Papierschnittkanten mit dem Kopierrädchen rädeln. Die Schnittkonturen (Naht- und Saumlinien) werden auf der untenliegenden Stofflage als punktierte Linie sichtbar. Auch alle in den Schnitteilen eingezeichneten Linien und Markierungen, wie zum Beispiel Abnäher, vordere Mitte, Knopflöcher usw., außer dem Fadenlauf nachrädeln (1). Die Schnitteile vom Stoff entfernen und die Stoffkanten aufeinanderstecken. Stoffteile so auf das Kopierpapier legen, daß die bereits kopierten Linien oben sind. Alle Linien noch einmal nachrädeln (2).

Entlang den Linien, die auch auf der rechten Stoffseite sichtbar sein müssen, zum Beispiel vordere Mitte, Umbruch-, Anstoß- und Ansatzlinien sowie Einschnitte und Faltenlinien, ziehen Sie in die einzelnen Stofflagen einen Faden mit Vorstichen (siehe Seite 32) ein.

Wichtige Informationen zum Kopieren

Den Tisch mit einer festen Unterlage schützen.

Kopiert wird grundsätzlich auf die linke Stoffseite.

Bei den Teilen, die ganz mit Einlage verstärkt werden, die Schnittkonturen erst nach dem Aufbügeln der Einlage übertragen.

Auf einem Stoffrest eine Rädelprobe machen, denn nicht aus allen Stoffen lassen sich die Rädellinien problemlos entfernen. Bei dünnen und bei hellen Stoffen kann es sein, daß die Rädellinien auf die rechte Stoffseite durchscheinen.

Bei grobgewebten Stoffen und bei Strickstoffen kann es sein, daß die punktierten Rädellinien nicht zu sehen sind. Verwenden Sie dann anstelle des Kopierrädchens die stumpfe Seite eines Messers oder einen nicht mehr funktionierenden Kugelschreiber.

Vorsicht bei druckempfindlichen Stoffen, wie zum Beispiel Samt, Chenille, Nicki. Die Rädellinien können als Druckstellen auf der rechten Stoffseite zu sehen sein. Ein Kopieren ist dann nicht möglich.

1

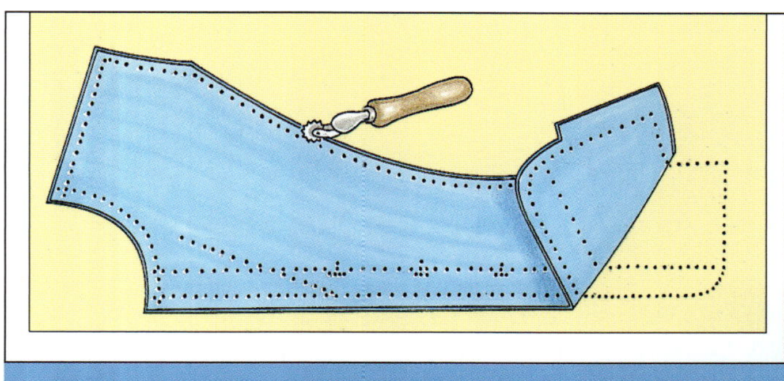

2

Schnittkonturen übertragen

Durchschlagen mit Nadel und Faden

Das ist eine sehr zeit- und arbeitsintensive Möglichkeit, die Schnittlinien auf den Stoff zu übertragen. Sie wird daher nur dann angewandt, wenn Kopieren nicht möglich ist.

So wird's gemacht:
Entlang den Papierschnittkanten mit Vorstichen und doppeltem Faden durch beide Stofflagen nähen, dabei nach jedem zweiten Stich eine ca. 2 cm hohe Schlinge stehen lassen. Bei geraden Kanten können die Stiche groß, bei Rundungen sollten sie etwas kleiner sein. Entlang den in den Schnitteilen eingezeichneten Linien und Markierungen durch Papier und Stoff nähen, jedoch bei jedem Stich eine Schlinge stehen lassen (3). Sind alle Linien durchgeschlagen, an den Linien, an denen durch das Papier genäht wurde, die Schlingen aufschneiden. Das Schnitteil entfernen. Die Stofflagen vorsichtig auseinanderziehen und die Fadenstege, die zwischen den Stofflagen entstehen, durchschneiden. Die im Stoff verbleibenden Fadenenden bilden die Markierung (4).

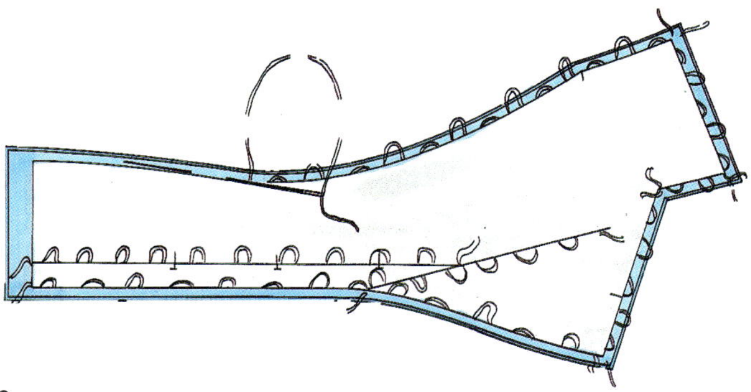

3

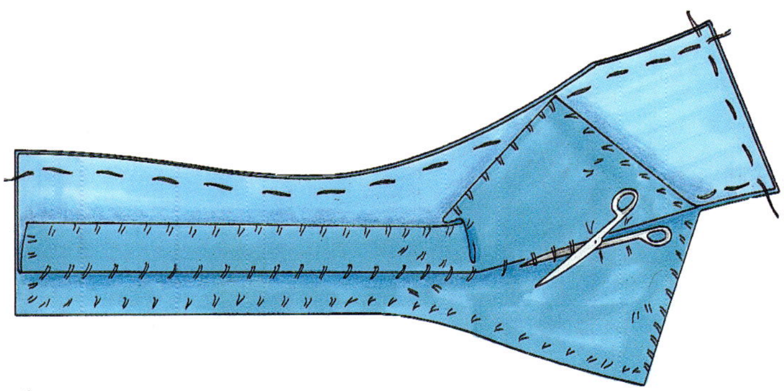

4

Extratip

Ganz eilige und geübte Näherinnen kopieren nicht alle Nahtlinien und Markierungen, sondern nur den Beginn bzw. das Ende einer Naht, oder machen im Bereich der Nahtzugaben kleine Einschnitte. Voraussetzung dafür ist aber, daß mit exakt gleich breiten Nahtzugaben zugeschnitten wurde. Die Abnäherspitzen und andere in den Schnittteilen eingezeichnete Markierungen werden durch Kreidepunkte markiert.
Dazu zunächst an den Markierungen Stecknadeln einstechen, an Ecken zwei Stecknadeln über Kreuz einstechen (5). Die Stecknadelköpfe durch das Papier drücken. Schnitteil entfernen. Die Einstich- bzw. Kreuzungspunkte der Stecknadeln mit Schneiderkreide auf beiden Stofflagen markieren (6).

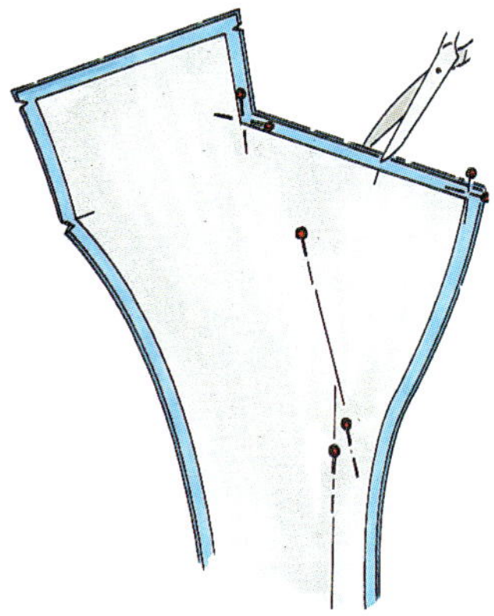

5

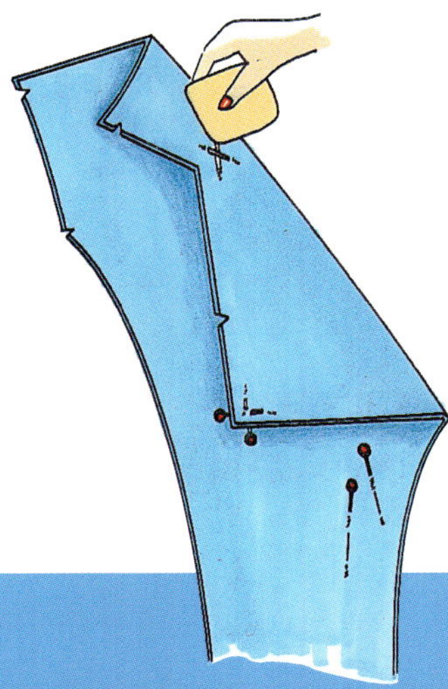

6

Welche Einlage für welchen Stoff

Für das perfekte Aussehen eines Kleidungsstückes ist die Wahl der richtigen Einlage und deren Verarbeitung genauso wichtig wie die gute Paßform des Schnittes.

Vlieseline-Einlagen

Generell unterscheidet man zwischen Bügeleinlagen und Näheinlagen, die es in unterschiedlichen Stärken und Qualitäten gibt. Am einfachsten und schnellsten lassen sich Bügeleinlagen verarbeiten. Sie werden, wie der Name schon sagt, aufgebügelt. Dadurch entfällt das zeit- und arbeitsaufwendige Aufheften und Aufnähen. Das ist auch der Grund dafür, daß in Nähanleitungen fast ausschließlich Bügeleinlagen angegeben werden. Auch die für das Modell erforderliche Einlagenstärke, zum Beispiel Vlieseline H 180, H 200, G 405, H 410 usw., finden Sie in der Anleitung. Natürlich können Sie von diesen Angaben abweichen, wenn Sie nicht den Originalstoff verwenden. Richten Sie sich dann bei der Wahl der Einlage nach den Bügel- bzw. Pflegehinweisen Ihres Stoffes. Verarbeitungs- und Pflegehinweise für Vlieseline-Einlagen finden Sie in der Tabelle rechts und auf dem blauen Kantendruck – dem Markenzeichen von Vlieseline-Einlagen.

Die gebräuchlichsten Vlieseline-Einlagen auf einen Blick

Bügeleinlagen			So bügeln Sie die Einlagen auf	
H 180	Weiß, Schwarz, 60 cm	zarte, fließende Stoffe, z.B. Seide, Viskose	Seide; 5–6mal mit Druck langsam über jede Stelle gleiten, trocken aufbügeln, 8 Sek.	40 P
H 200	Weiß, Schwarz, 60 cm	leichte Stoffe, z.B. Baumwolle, Polyester, Viskose	Wolle; 5–6mal mit Druck langsam über jede Stelle gleiten, trocken aufbügeln, 8 Sek.	40 A
G 405	Weiß, Grafit, 90 cm	leichte bis mittelschwere Stoffe, z.B. Wolle, Wildseide, Gabardine, Jersey	Wolle/Baumwolle; feuchtes Tuch, schrittweise gut aufdrücken, 10–12 Sek.	40 A
H 410	Weiß, Grafit, mit stabilisierenden Längsfäden, 60 cm	leichte bis schwere Stoffe, z.B. Wolle, Wildseide	Wolle/Baumwolle; feuchtes Tuch, schrittweise gut aufdrücken, 10–12 Sek.	40 A
H 415	Weiß, Grafit, mit stabilisierenden Längs- und Querfäden, 60 cm	mittelschwere und schwere Stoffe, z.B. Wollstoffe,	Wolle/Baumwolle; feuchtes Tuch, schrittweise gut aufdrücken, 10–12 Sek.	40 P
F 220	Weiß, Grafit 60 cm	leichte Stoffe, z.B. Baumwolle	Wolle; 5–6mal mit Druck langsam über jede Stelle gleiten, trocken aufbügeln, 8 Sek.	95 P
H 250	Weiß, Grafit 60 cm	leichte bis mittelschwere Stoffe, z.B. Baumwolle, Trevira, Polyester, Viskose	Wolle; 5–6mal mit Druck langsam über jede Stelle gleiten, trocken aufbügeln, 8 Sek.	95 P
LE 420	Haut 90 cm	Nappa- und Veloursleder, Lederimitate, hitzeempfindliche Stoffe (Lackstoffe)	Seide; trocken, mit leichtem Druck schrittweise aufbügeln, 8–10 Sek.	40 A
H 630	Weiß, 90 cm	aufbügelbares Volumenvlies, leichte bis mittelschwere Stoffe	Wolle/Baumwolle; feuchtes Tuch, schrittweise gut aufdrücken, 15 Sek.	40 A
X 50	Weiß, 90 cm	voluminöse Einlage, Haftmasse in Rautenform, mit der aus jedem Stoff ein Steppstoff gemacht werden kann	Seide/Wolle; trocken, mit leichtem Druck schrittweise aufbügeln, 10–12 Sek.	40 A

So schneiden Sie Vlieseline zu
Die Teile, die mit Einlage verstärkt werden sollen, sind in den Zuschneideplänen als Graufläche eingezeichnet oder werden in der Nähanleitung beim Zuschneiden genannt. Alle Vlieseline-Einlagen sind in Längsrichtung stabil und in Querrichtung leicht dehnbar. Schneiden Sie daher Vlieseline immer so zu, daß der im Schnitteil eingezeichnete Fadenlauf parallel zur Längskante verläuft. Besonders wichtig ist das bei Vlieseline H 410, einer superweichen, aufbügelbaren Vlieseline mit eingearbeiteten stabilisierenden Längsfäden, und bei Vlieseline H 415 mit stabilisierenden Fäden in Längs- und Querrichtung.

Ausnahmen werden nur da gemacht, wo durch Quer- oder Schrägzuschnitt der „Fall" positiv beeinflußt werden soll. Zum Beispiel für Saumzugaben und Manschetten die Einlage quer zuschneiden!

Die Einlageteile *immer* mit Nahtzugaben zuschneiden.

So bügeln Sie Vlieseline auf
Bevor Sie Vlieseline aufbügeln, muß der Stoff krumpffrei sein, das heißt, er darf nicht eingehen. Dies erreichen Sie, indem Sie den Stoff abbügeln – wenn möglich mit einem feuchten Tuch – oder den Stoff vor dem Zuschneiden so waschen, wie Sie später das Kleidungsstück waschen möchten.

Vlieseline immer auf die linke Stoffseite bügeln. Dabei sollte die Vlieseline nicht über den Stoff hinausragen, da die Haftmasse die Bügelunterlage nicht nur verschmutzt, sondern auch beim späteren Bügeln auf die Bügeleisensohle oder gar auf die rechte Stoffseite abgebügelt werden kann und dann nur sehr schwer zu entfernen ist. Um eine ausreichende Haftung der Vlieseline zu erreichen, sollten Sie beim Aufbügeln (Fixieren) die Bügeltemperatur und die Bügeldauer genau einhalten (siehe Tabelle bzw. blauer Kantendruck der Vlieseline-Einlagen).

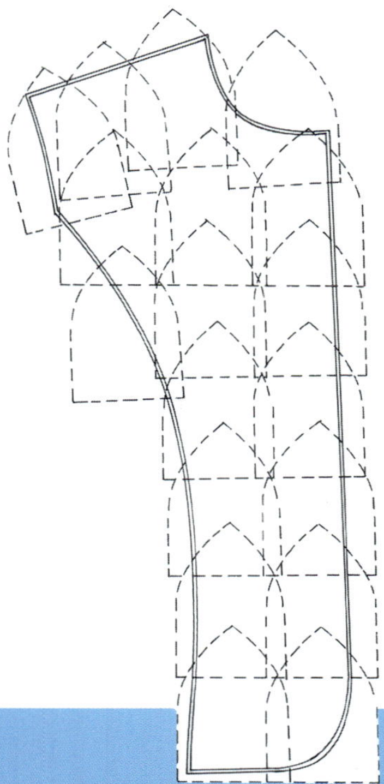

Muß eine Einlage mit Dampf aufgebügelt werden, zum Beispiel Vlieseline H 410 oder G 405, unbedingt ein feuchtes Tuch verwenden. Nur so kann sich die Haftmasse erweichen und gleichmäßig mit dem Stoff verbinden. Durch die trockenen Stellen am Bügeltuch ist außerdem genau zu erkennen, ob alle Stellen erfaßt sind (siehe Zeichnung). Dampfbügeleisen sind nicht geeignet, da Druck und Dampfaustritt nicht gleichmäßig sind und zudem die Einlage bzw. der Stoff nach dem „Dampfen" nicht trockengebügelt wird.

Auch die Bügelunterlage ist wichtig. Metallbeschichtete Bügelunterlagen sind nicht geeignet, da sie die Hitze des Bügeleisens reflektieren und dadurch die automatische Temperatureinstellung des Bügeleisens irritieren (= geringere Bügeltemperatur). Auch sollte die Unterlage bei Druck nicht nachgeben. Nach dem Aufbügeln der Einlage die Teile flach liegend auskühlen lassen, es könnten sonst Knicke entstehen, die sich nicht mehr glattbügeln lassen.

Wichtig: Die Aufbügelbedingungen können von Stoff zu Stoff verschieden sein. Sie sollten daher, bevor Sie die Teile mit Vlieseline verstärken, eine Bügelprobe machen.

Näh-Einlagen
Hat sich bei der Bügelprobe ergeben, daß für Ihren Stoff aufbügelbare Einlagen nicht geeignet sind, können Sie die Näheinlagen von Vlieseline oder Webeinlagen wie Wolleinen oder für transparente Stoffe Organza verwenden. Auch diese Einlagen werden immer im gleichen Fadenlauf wie die Stoffteile und mit Nahtzugaben zugeschnitten. Nur die Kanten, die an eine Umbruchlinie treffen, schneiden Sie ohne Nahtzugaben zu. Näh-Einlagen stecken Sie auf die linke Seite der Stoffteile und heften Sie ringsum fest.

Hand- und Maschinennähte

Handstiche

Auch wenn heute fast ausschließlich mit der Maschine genäht wird, kann auf Handstiche nicht ganz verzichtet werden. Genäht wird mit einfachem Nähgarn. Nur zum Annähen von Knöpfen, Druckknöpfen oder Haken und Ösen wird doppeltes Nähgarn oder das dickere Knopflochgarn, zum Heften das preiswertere Heftgarn verwendet. Auch die Nadel sollte zu Stoff und Garn passen. Als Faustregel gilt: Je feiner der Stoff, um so feiner und dünner sollten Nähgarn und -nadel sein und für kleine Stiche sollten Sie eine kurze, für große Stiche eine lange Nadel verwenden. Den Nahtanfang sichern Sie mit einem Knoten, das Nahtende mit Rückstichen.

Der Vorstich: Mit dem Vor- oder Heftstich können Sie zwei oder mehrere Stoffteile zusammenheften, Taschen, Borten und andere Teile festheften oder Linien markieren.
Genäht wird von rechts nach links. Die Stiche sind im Wechsel auf der Ober- und Unterseite zu sehen (1). Die Stichlänge richtet sich danach, wie haltbar die „Naht" sein soll. Mit Vorstichen können Sie auch einreihen oder einhalten.

Der schräge Spannstich wird immer dann angewandt, wenn sich die Stofflagen weder in Längs- noch in Querrichtung verschieben dürfen.
Genäht wird von oben nach unten oder von unten nach oben. Der Ausstich ist rechts neben dem Einstich (2). Kurze Stiche mit geringem Abstand geben den Stofflagen festen Halt, zum Beispiel an Kragen und Kanten. Sollen jedoch nur zwei Stofflagen aufeinandergeheftet werden, zum Beispiel Stoff auf Einlage oder Futter, so können die Stiche länger und der Abstand größer sein.

Der Rückstich ist auf der rechten Stoffseite nur als kleiner Punkt zu sehen. Er wird vor allem zum Einnähen von Reißverschlüssen verwendet.
Genäht wird von rechts nach links. Nadel einstechen, nach ca. 5 mm ausstechen. 1 bis 2 Gewebefäden hinter dem Ausstich wieder einstechen, nach ca. 5 mm ausstechen usw. (3).

Der Steppstich ist der haltbarste aller Handstiche, wird aber heute nur noch für ganz kurze Nahtstellen oder zum Ausbessern von Nähten verwendet, wenn es sich nicht lohnt, die Maschine in Betrieb zu nehmen.
Nadel einstechen, nach ca. 5 mm ausstechen. Ca. 3 mm hinter dem Ausstich einstechen, nach doppelter Stichlänge ausstechen. Genau im vorhergegangenen Ausstich wieder einstechen, nach doppelter Stichlänge ausstechen usw. (4).
Genäht wird von rechts nach links.

Der Staffierstich ist kaum zu sehen und wird hauptsächlich zum Einnähen des Futters verwendet. Aber auch zum Zusammennähen von zwei eingeschlagenen Stoffkanten oder zum Ausbesssern einer geplatzten Nahtstelle, die von innen schwer zugänglich ist, wird dieser Stich angewandt. Genäht wird von rechts nach links.

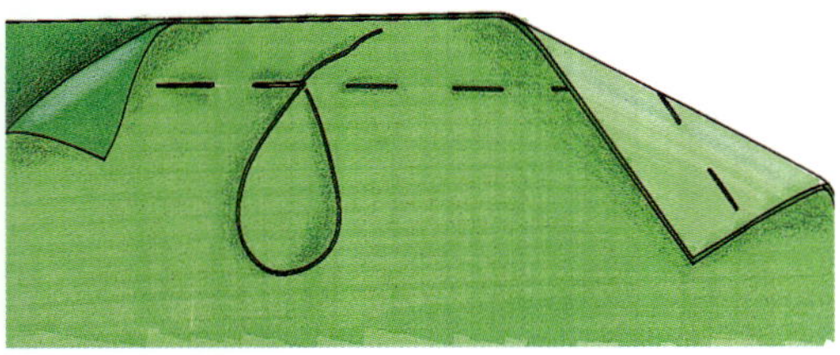
1

2

3

4

So wird Futter angenäht: Nadel in die Bruchkante des Futters einstechen, nach Stichlänge ausstechen. Genau unter dem Ausstich in die Saumzugabe oder den Besatz einstechen – dabei nicht auf die rechte Seite des Kleidungsstückes durchstechen –, nach Stichlänge ausstechen. Genau oberhalb der Ausstichstelle wieder in die Bruchkante des Futters einstechen usw. (5).
Werden zwei eingeschlagene Kanten gegeneinandergenäht, wird immer abwechselnd in die eine, dann in die andere Bruchkante eingestochen.

Der Hexenstich ist eigentlich ein Zier- bzw. Stickstich. Mit dem Hexenstich werden zum Beispiel Näh-Einlagen aufgenäht oder zwei Stoffkanten aneinandergeheftet.
Genäht wird von links nach rechts mit kleinen Vorstichen, die jeweils schräg nach oben bzw. unten versetzt sind (6).

Maschinenstiche

Moderne Nähmaschinen haben eine ganze Reihe verschiedener Stiche, so daß die Wahl, welcher Stich der richtige ist, nicht immer leichtfällt. Wir zeigen Ihnen hier die gebräuchlichsten Maschinenstiche.

Der Steppstich oder **Geradstich** ist der wichtigste Stich und gehört zu jeder Nähmaschine (7). Mit ihm können alle Näharbeiten, ausgenommen das Versäubern der Nahtzugaben, gemacht werden. Mit dem Steppstich können Sie auch einreihen oder einhalten. Dazu an der Maschine die größte Stichlänge einstellen und die Oberfadenspannung ein klein wenig lockern. Dann steppen Sie zu beiden Seiten der markierten Nahtlinie, dabei die Nahtenden nicht durch Rückstiche sichern (8). Halten Sie die Unterfäden fest und schieben Sie den Stoff auf diesen Fäden auf die gewünschte Weite zusammen.
Die Fadenenden können Sie verknoten oder um eine Stecknadel wickeln (8a). Die Weite gleichmäßig verteilen, dabei dürfen beim Einhalten keine Fältchen entstehen.

Der Zickzackstich kann in der Breite und in der Länge (Stichabstand) verstellt werden. Er wird hauptsächlich zum Versäubern der Nahtzugaben angewendet.

Ein schmal eingestellter Zickzackstich ist bei normaler Stichlänge elastisch und kann zum Steppen dehnbarer Stoffe, zum Beispiel von Jersey und Strickstoffen, verwendet werden.

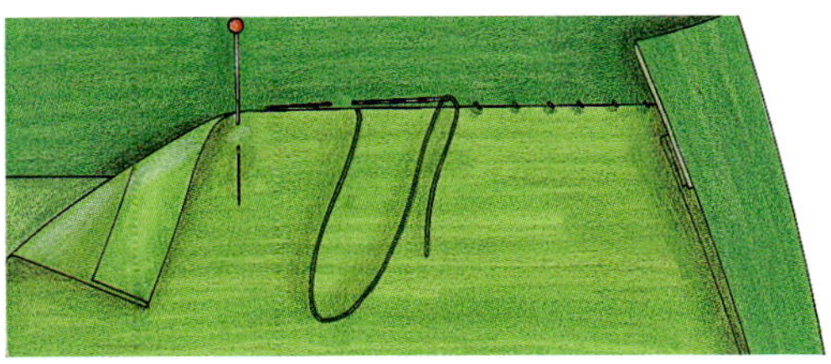

5

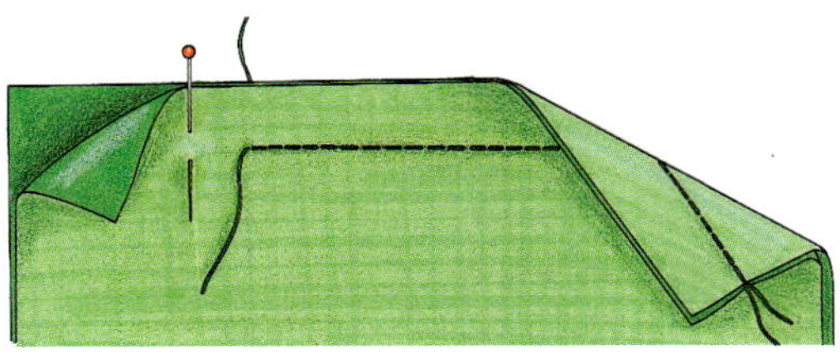

7

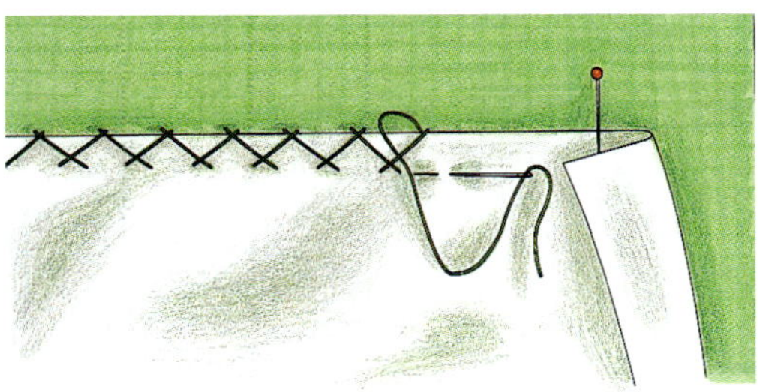

6

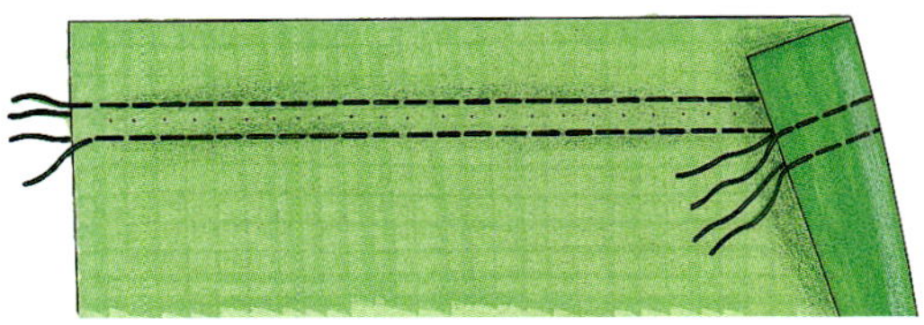

8

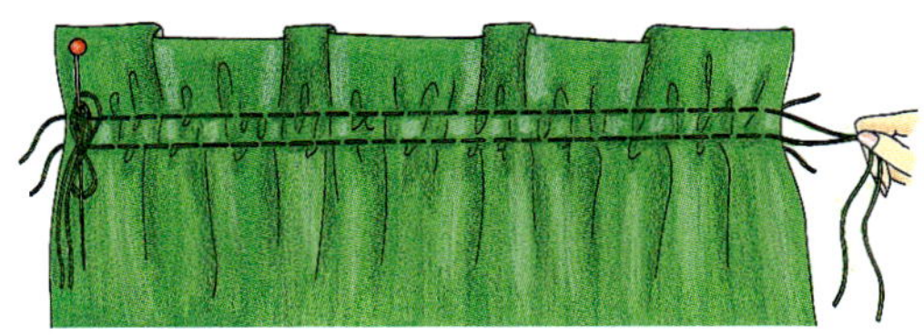

8a

Nähte

Mit dem **Elastikstich** werden Gummibänder fest- und Gummibandenden aufeinandergenäht.

Mit dem **Blindstich** und einem speziellen Blindstichfuß können Säume unsichtbar angenäht werden.

Zum Säumen von elastischen Stoffen, zum Beispiel Jersey, den **elastischen Blindstich** verwenden.

Die **Stretch-Dreifachnaht** ist nicht nur elastisch, sondern auch super haltbar. Mit ihr werden die Nähte gesteppt, die besonders haltbar sein müssen, zum Beispiel die Mittelnaht einer Hose. Aber Vorsicht: Da die Naht dreifach gesteppt ist, läßt sie sich nur sehr schwer trennen. Sie sollten also erst steppen, wenn Sie sicher sind, daß Sie an dieser Naht nichts mehr ändern müssen.

Mit dem **Overlockstich** können bei Strickstoffen die Nähte in einem Arbeitsgang genäht und versäubert werden.

Maschinennähte

Nähte sind bei jedem Kleidungsstück erforderlich. Durch Nähte können zwei Stoffteile verbunden, aber auch einem Kleidungsstück eine besondere Optik oder „Linienführung" gegeben werden.
Immer dann, wenn es in Nähanleitungen „Steppen" heißt, wird mit der Maschine genäht. Die Stichlänge und die Nadelstärke richten sich nach dem Material. Als Faustregel gilt: Für dünne Stoffe kleine Stiche und eine feine Nadel verwenden, bei dickeren Stoffen dürfen die Stiche größer und die Nadel stärker sein. Außerdem gibt es noch verschiedene Spezialnadeln (siehe auch Seite 8). Genäht wird in der Regel mit Nähgarn aus Polyester, Seide oder Baumwolle. Für ganz feine Stoffe, wie zum Beispiel Chiffon, Crêpe de Chine, ist das dünnere Maschinenstick- und -stopfgarn besser geeignet.

Damit Sie bei jedem Stoff einwandfreie Nähte erhalten, muß evtl. an der Nähmaschine die Fadenspannung und der Nähdruck dem Stoff entsprechend eingestellt werden. Genaue Angaben dazu finden Sie im Anleitungsheft Ihrer Nähmaschine.

Die einfache Naht: Stoffteile rechts auf rechts aufeinanderlegen. Kanten entlang der markierten Nahtlinie oder der Nahtzugabenbreite entsprechend aufeinandersteppen. Nahtanfang und -ende durch Rückstiche sichern oder die Fadenenden verknoten. Die Nähte zunächst flach bügeln (9), dann auseinanderbügeln (9a).

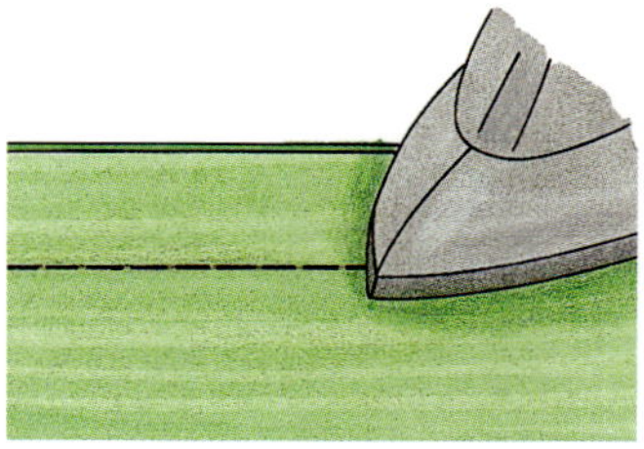

9

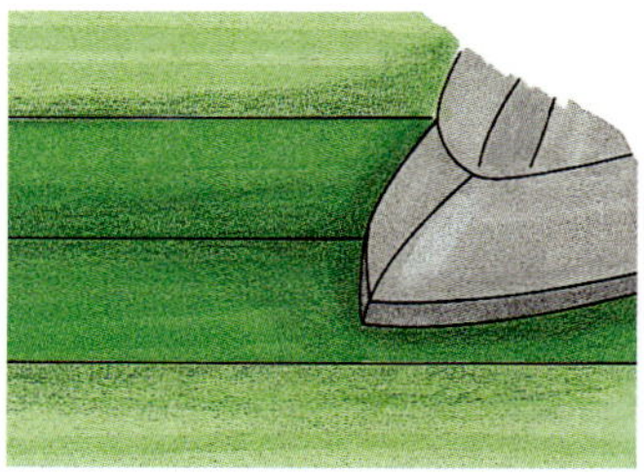

9a

Die Kapp- oder Jeansnaht wird zweimal gesteppt. Sie ist nicht nur sehr stabil, sondern Naht und Nahtversäuberung in einem. Sie wird immer dann genäht, wenn bei einem ungefütterten Kleidungsstück auch das „Innenleben" besonders sauber verarbeitet sein soll oder die Nähte stark strapaziert werden.
Stoffteile rechts auf rechts entlang der markierten Nahtlinie aufeinandersteppen. Die Nahtzugaben nach einer Seite bügeln. Die untenliegende Nahtzugabe schmal zurückschneiden. Die obenliegende Nahtzugabe eingeschlagen feststecken und schmal feststeppen (10).

Bei Jeanskleidung wird noch zusätzlich dicht neben der Naht abgesteppt.

10

Die „schnelle" Jeansnaht sieht von außen aus wie eine Kappnaht, aber auf der Innenseite sind die versäuberten Nahtzugaben zu sehen. Stoffteile rechts auf rechts entlang der markierten Nahtlinie aufeinandersteppen. Nahtzugaben zusammengefaßt versäubern, nach einer Seite bügeln, von rechts schmal und 3⁄4 cm breit feststeppen (11).

Die Doppelnaht oder französische Naht ist wie die Kappnaht Naht und Nahtversäuberung in einem. Sie wird hauptsächlich für Wäscheteile verwendet.

11

Stoffteile links auf links aufeinanderlegen. Die Zugaben 1⁄2 cm neben der markierten Nahtlinie aufeinandersteppen. Die Zugaben ca. 3 mm neben der Stepplinie abschneiden (12).

12

Die Nahtzugaben auseinanderbügeln. Dann den Stoff so falten, daß die Naht direkt im Bruch liegt; die rechten Stoffseiten liegen aufeinander. Bruchkante bügeln und entlang der markierten Nahtlinie absteppen. Dabei werden die Zugaben der ersten Naht eingeschlossen (13).

13

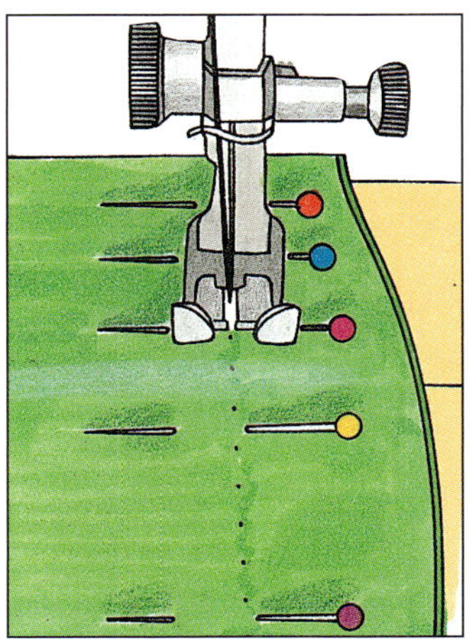

14

Noch ein paar Tips

Bei bereits gehefteten Nähten nicht genau in der Heftnaht steppen, sondern dicht neben den Heftstichen auf der Nahtzugabe. Dadurch lassen sich die Heftstiche mühelos trennen, und das Kleidungsstück ist keinesfalls zu eng, denn geheftete Nähte geben bei der Anprobe etwas nach.
Sie können auf das Heften verzichten, wenn Sie die Stecknadeln quer zur Nahtlinie stecken. Die Maschinennadel bricht beim Darübernähen nicht ab (14).
Auch bei runden Nähten können Sie auf das Heften verzichten, wenn Sie die Stecknadeln quer zur Nahtlinie so stecken, daß der Einstich genau auf die Nahtlinie trifft und der Ausstich möglichst dicht neben dem Einstich auf der Nahtzugabe ist (15).
Außerdem können Sie dann vor dem Steppen von rechts kontrollieren, ob die Stofflagen glatt und ohne Fältchen aufeinanderliegen.

15

Nähte

Müssen Sie während des Steppens einer Naht stoppen, darauf achten, daß die Nadel im Stoff stecken bleibt.

An Ecken die Nadel genau in der Ecke stecken lassen (16), den Nähfuß anheben und den Stoff um die Nadel drehen (17), den Nähfuß wieder senken und die Naht fortsetzen.

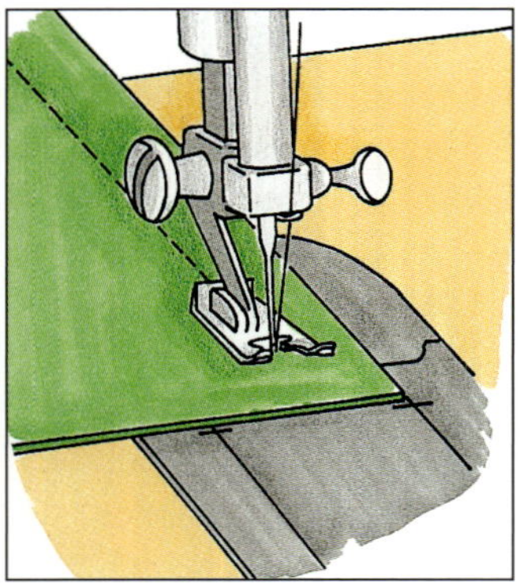

16

17

Damit sich am Anfang einer Naht auf der Unterseite keine Schlaufen oder Knoten bilden, die Fadenenden festhalten (18) oder zuerst über ein kleines, doppelt gelegtes Stoffstück steppen (19). Danach unmittelbar an das Stoffstück anschließend den Stoff mit der zu steppenden Naht unter das Steppfüßchen legen. Naht steppen, das Stoffstückchen abschneiden und am Nahtende wieder unter das Steppfüßchen schieben. Nicht vergessen: Nahtanfang und -ende durch Rückstiche sichern.

18

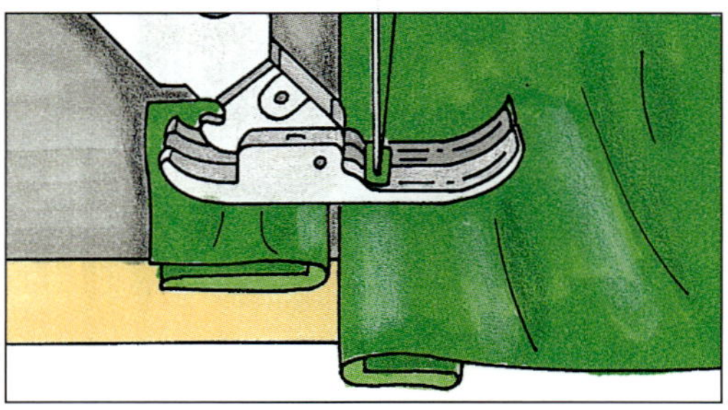

19

Ganz exakt in gleichmäßigem Abstand zu einer Kante können Sie steppen, wenn Sie die gewünschte „Nahtbreite" mit dem Kantenlineal (20) einstellen (genaue Angaben dazu finden Sie im Anleitungsheft Ihrer Nähmaschine) oder mit Klebeband auf der Maschine markieren: Die gewünschte Nahtbreite ab der Nadel nach rechts abmessen und einen Streifen buntes Klebeband aufkleben (21). Beim Steppen den Stoff genau entlang der Klebebandkante führen.

20

21

Nahtversäuberung

Damit die Nahtzugaben nicht ausfransen, müssen sie versäubert werden. Ganz professionell können Sie die Nahtzugaben mit der Overlockmaschine versäubern. Wenn keine Overlockmaschine zur Verfügung steht, können Sie die Zugaben mit der Nähmaschine oder von Hand versäubern.

1

Versäubern mit der Maschine

Der Zickzackstich ist die gebräuchlichste Versäuberungsart (1). Stichlänge und -breite richten sich nach der Stoffart. Als Faustregel gilt: Für stark fransende Stoffe breite Stiche und kleiner Stichabstand, für wenig fransende Stoffe kann der Stich schmaler und der Stichabstand größer sein. Bei sehr feinen Stoffen einen größeren Stichabstand wählen, die Stichbreite etwas reduzieren und, damit die versäuberte Kante nicht zu hart wird, nicht das normale Nähgarn, sondern das dünnere Maschinenstick- und -stopfgarn verwenden. Am besten, Sie probieren die richtige Sticheinstellung an einem Stoffrest aus. Achten Sie dabei darauf, daß die Nadel einmal in den Stoff und einmal dicht neben der Stoffkante einsticht.
Moderne Nähmaschinen haben zusätzlich zum Zickzackstich noch verschiedene Overlockstiche, die zum Versäubern der Stoffkanten verwendet werden. Lesen Sie dazu die Anleitung Ihrer Nähmaschine.

Einfassen mit Schrägband ist eine sehr zeit- und arbeitsintensive Versäuberungsart, wird jedoch immer dann angewandt, wenn ein Kleidungsstück nicht gefüttert, aber trotzdem sehr „edel" verarbeitet werden soll. So wird's gemacht: Schrägband rechts auf rechts auf die Kante der Nahtzugabe steppen. Schrägband über die Kante legen, eingeschlagen, an der Ansatznaht feststecken, von Hand annähen oder von rechts feststeppen (2). Sie können auch bereits vorgebügeltes Schrägband um die Nahtzugaben legen und feststeppen (3). Bei sehr stark fransenden, grobgewebten Stoffen wird's haltbarer, wenn Sie das Band mit Zickzackstichen feststeppen.

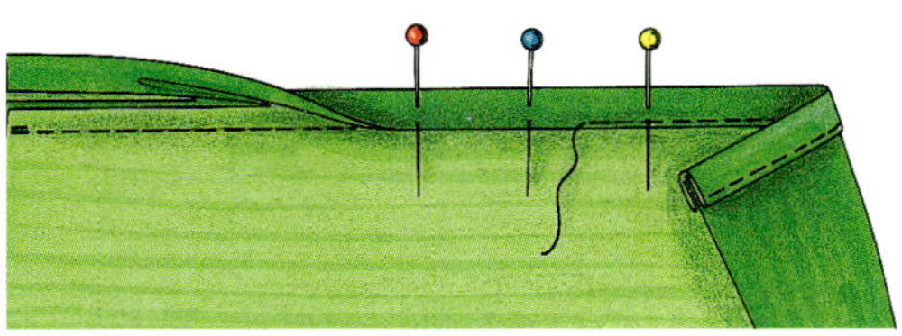

2

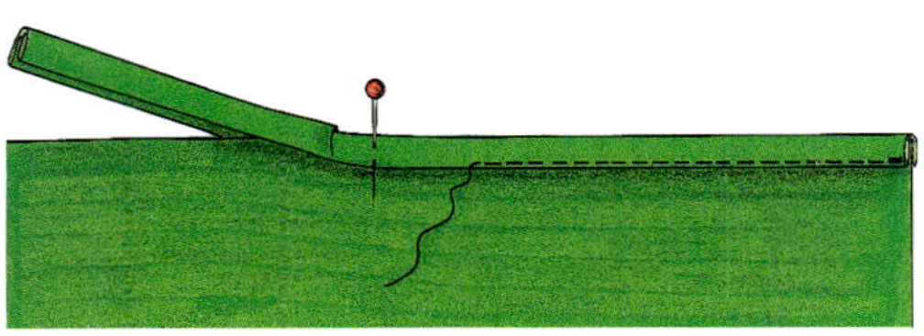

3

Versäubern von Hand

Mit dem **Überwendlingsstich** werden die Nahtzugaben bei sehr feinen, zarten Stoffen, wie Organza, Chiffon usw., versäubert. Genäht wird von links nach rechts (4). Damit sich die Stoffkante nicht einrollt, den Faden nicht zu stark anspannen.

Der Festonstich ist haltbarer als der Überwendlingsstich und wird bei stark fransenden Stoffen verwendet. Genäht wird von links nach rechts: Nadel von hinten durch die Kante stechen, den Faden um die Nadelspitze legen, dann die Nadel durchziehen (5). Den Faden nur leicht anziehen, damit sich die Stoffkante nicht einrollt.

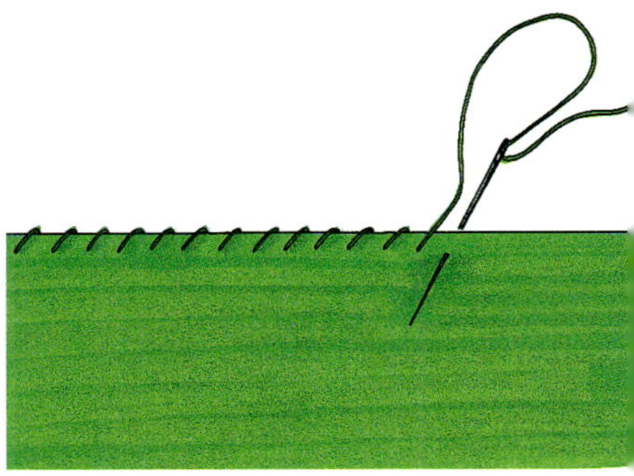

4

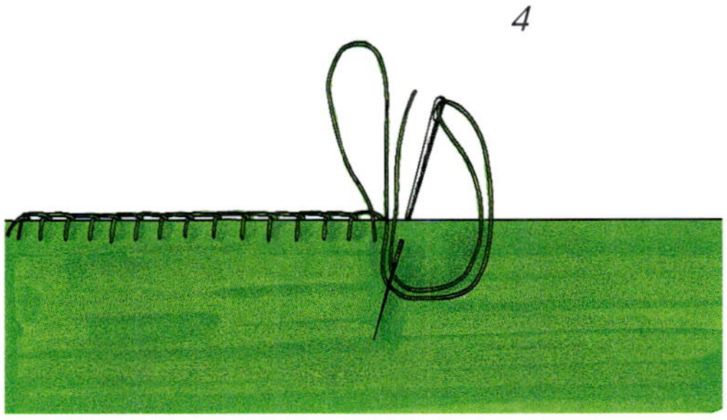

5

Die Basisgarderobe zum Selbermachen

Alles in Größen 36–44

Dieser Rock bringt Farbe ins Spiel

Ein Basisstück für jede Garderobe. Dieses Modell ist verwandlungsfähig und außerdem nähleicht. Besonders gut eignen sich dafür Stoffe wie Leinen, Baumwolle, Kreppqualitäten und leichte Wollstoffe. Bunt oder uni, in klassischen Tönen oder in knalligen Farben, ganz schlicht in Schwarz – alles ist erlaubt. Den Schnitt gibt es in zwei aktuellen Längen. Auf den folgenden Seiten zeigen wir Ihnen ausführlich, wie genäht wird.

Alle Modellfotos: Michael Gregonowits

Bildernähkurs zum Rock

Rock in zwei Längen
A – 48 cm
B – 55 cm
Die Verarbeitung der Röcke ist gleich.

Sie brauchen
150 cm breiten Stoff,
für **A** 0,65 m.
für **B** 0,75 m.
Aufbügelbare Bundeinlage (Stanzband) 1 – 3 – 3 – 1 cm breit, jeweils in Taillenweite plus 8 cm.
1 Reißverschluß, 20 cm lang.
1 Knopf.
Nähgarn.
Zum Abpausen der Schnitteile vom Bogen Seidenpapier oder Burda-Kopierfolie (beides beim Burda-Hobby-Service erhältlich).

Der Schnitt
Für diesen Rock benötigen Sie drei Schnitteile:
1 Vordere Rockbahn
2 Rückwärtige Rockbahn
3 Bund
Die Schnitteile sind in Blau auf Bogen A.
Falten Sie den Schnittbogen auseinander. Die Nummern der Schnitteile stehen in Blau als Suchnummern am Bogenrand. In gerader Linie von der Suchnummer aus finden Sie das entsprechende Schnitteil auf dem Bogen. Jetzt können Sie die Schnitteile auf Seidenpapier oder auf Burda-Kopierfolie durchpausen.
In jedem Schnitt stecken 5 Größen. Achten Sie daher auf die Erkennungslinie Ihrer Größe. Wie diese Linie aussieht, sehen Sie bei der Schnittübersicht. Die Schnittübersicht ist die verkleinerte Darstellung der Schnitteile. Hier sehen Sie auch sofort, welche Linien und Markierungen Sie außerdem abzeichnen müssen.
Bevor Sie das Seidenpapier bzw. die Kopierfolie entfernen, vergleichen Sie Ihre Schnitteile mit der Schnittübersicht, ob Sie auch alle Linien und Markierungen abgepaust haben.

Zuschneiden
Der Zuschneideplan zeigt, wie Sie die Schnitteile auf den Stoff legen. Achten Sie dabei darauf, daß der in den Schnitteilen eingezeichnete Fadenlauf parallel zu den Webkanten des Stoffes verläuft (siehe auch Seite 25).

Naht- und Saumzugaben:
Rings um die Papierschnitteile die Naht- und Saumzugaben mit Lineal und Schneiderkreide auf den Stoff zeichnen: *4 cm* für Saum, *3 cm* an rückw. Mittelnaht und Schlitzen, *1,5 cm* an allen anderen Kanten und Nähten (siehe auch Seite 27). Teile an diesen Linien ausschneiden.
1 Vordere Rockbahn 1mal im Stoffbruch
2 Rückw. Rockbahn 2mal
3 Bund 1mal im Stoffbruch

An den Rockbahnen die Schnittkonturen (Naht- und Saumlinien) und die in den Schnitteilen eingezeichneten Abnäher und Schlitzzeichen mit Kopierrädchen und Burda-Kopierpapier auf die linke Seite der Stoffteile übertragen (siehe auch Seite 28/29).

Schnittübersicht
Blauer Schnitt
auf Schnittbogen A
Schnitteile 1 bis 3
Gr. 36 ‑◇‑◇‑◇‑◇‑◇‑
Gr. 38 – – – – – – – – – –
Gr. 40 ——— — ——— —
Gr. 42 - - - - - - - - - - - - - - - - - -
Gr. 44 ————————

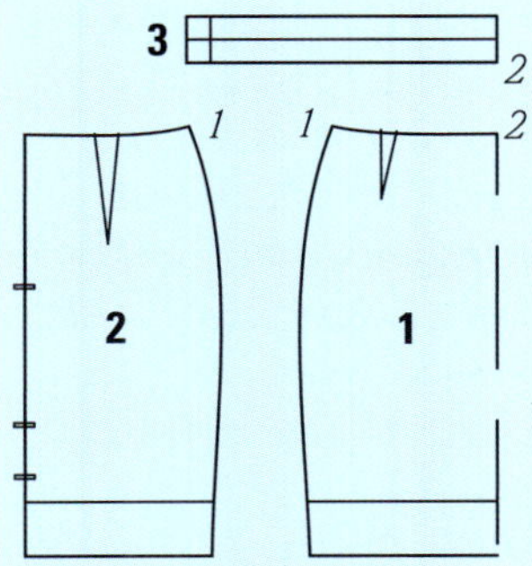

Schnitteile vom Bogen abpausen. Die unterschiedlichen Saumlinien A und B beachten.

Zuschneideplan
Für Größen 36 bis 44
bei 150 cm Stoffbreite

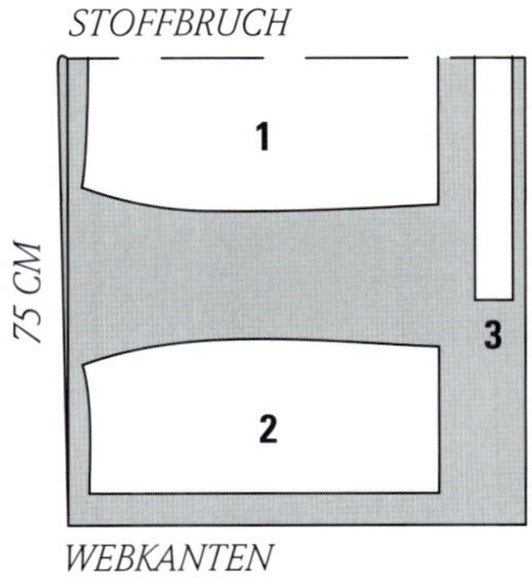

Nähen

Rückwärtige Mittelnaht, Schlitze
Rückw. Rockbahnen rechts auf rechts aufeinanderlegen, Nahtlinien von Mittelnaht und Schlitzen aufeinanderstecken. Steppen, dabei an der oberen Kante mit größter Sticheinstellung beginnen. Am Schlitzzeichen eine normale Stichlänge (ca. 2 mm) einstellen. Nahtanfang durch Rückstiche sichern und die Mittelnaht bis zum unteren Schlitzzeichen steppen. Nahtende sichern. Wieder die größte Stichlänge einstellen und den unteren Schlitz zunähen (1). Nahtzugaben von oben bis unten versäubern (siehe auch Seite 37). Nahtzugaben auseinanderbügeln. Die großen Stiche an den Schlitzen auftrennen.

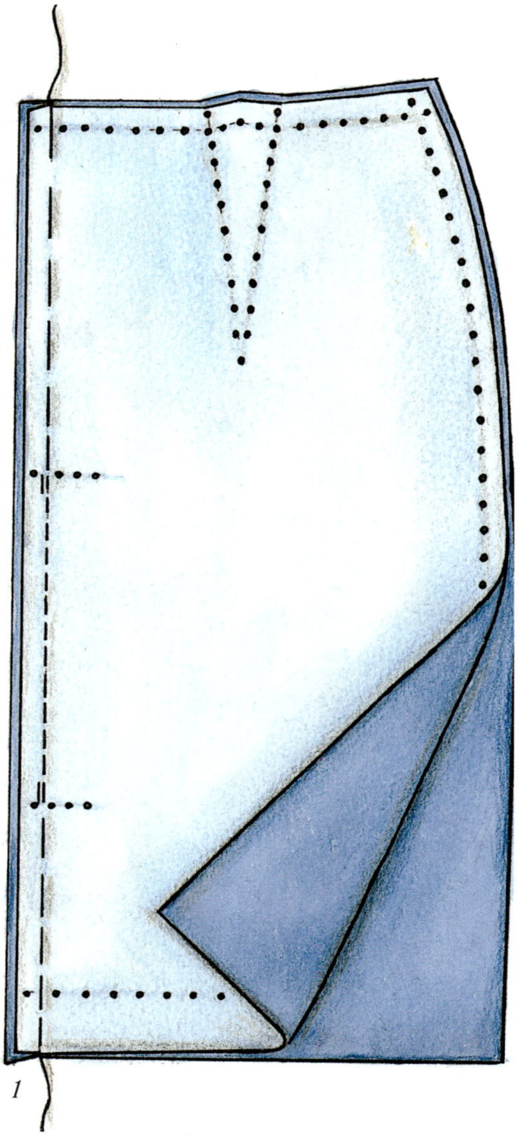

1

Abnäher
Rockbahnen jeweils so falten, daß die Abnäherlinien aufeinandertreffen; rechte Stoffseite innen. Abnäherlinien aufeinanderstecken. Steppen, dabei an der oberen Kante beginnen. Nahtanfang durch Rückstiche sichern. Damit keine unschönen Tüten entstehen, an der Abnäherspitze die Naht möglichst flach auslaufen lassen. Fadenenden verknoten (2). Abnähertiefen zur vorderen bzw. rückwärtigen Mitte bügeln (3).

2

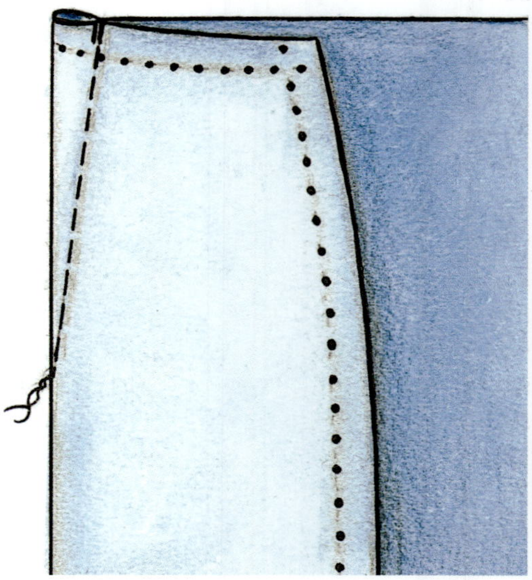

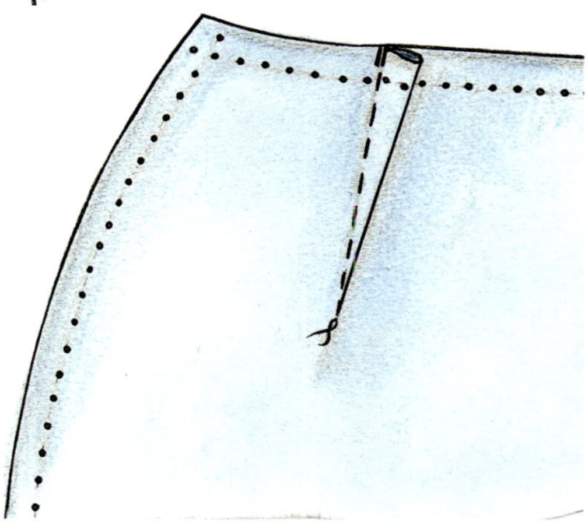

3

Der Reißverschluß
Den Reißverschluß so unter die oberen Schlitzkanten stecken, daß die Zähnchen verdeckt sind. Schlitzkanten auf den Reißverschlußbändern festheften.

Den Reißverschluß von Hand einnähen ...
Mit kleinen Rückstichen (= 1 bis 2 Gewebefäden hinter dem Ausstich wieder einstechen, siehe Seite 32) ca. 1/2 cm neben der Schlitzkante nähen. Faden nicht zu straff anziehen. Am Schlitzende innen quer zur zweiten Schlitzkante stechen (4).

... oder mit der Maschine
Den einseitigen Kantensteppfuß (Reißverschlußfuß) einsetzen. Den Reißverschluß öffnen. Oben an der rechten Schlitzkante beginnen und bis ca. 5 cm vor das Reißverschlußende steppen. Nadel im Stoff stecken lassen. Den Reißverschluß schließen, dazu das Nähfüßchen anheben. Bis zum Reißverschlußende steppen. Am unteren Ende quer steppen, dann die zweite Reißverschlußhälfte ca. 5 cm feststeppen. Den Reißverschluß wieder öffnen und dann bis oben feststeppen (5).

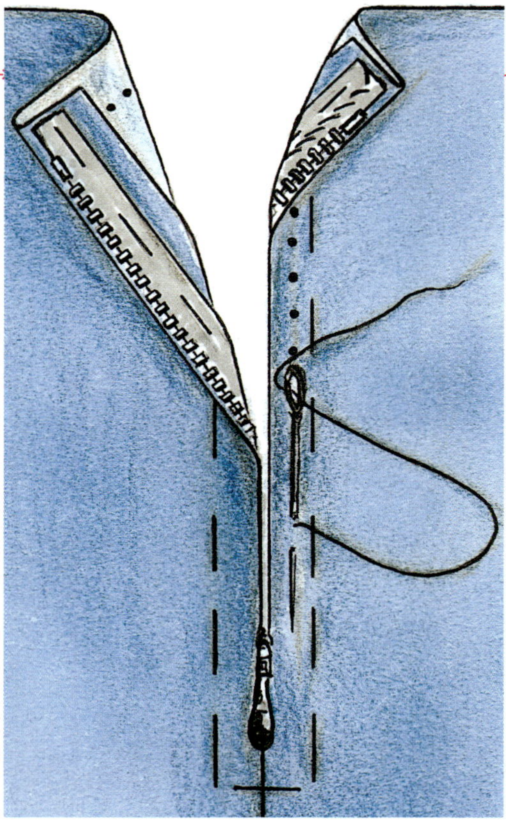

4

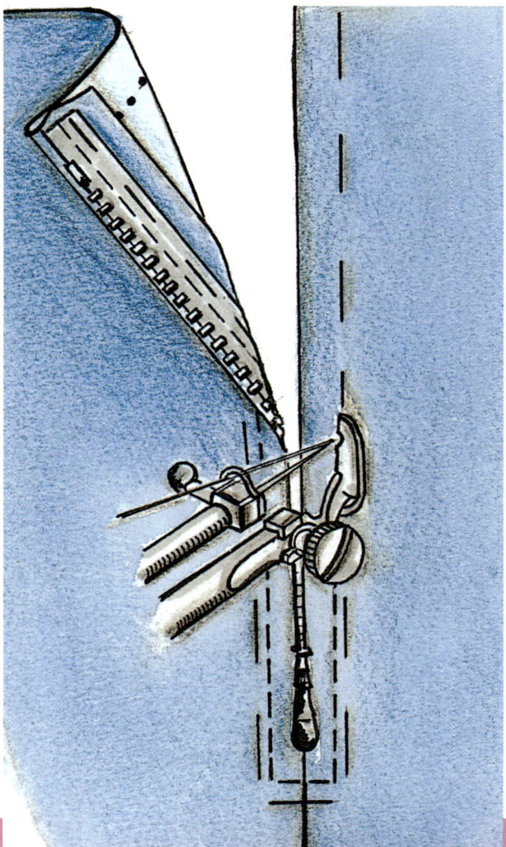

5

Die Seitennähte
Die vordere Rockbahn rechts auf rechts auf die rückwärtige Rockbahn legen. Seitennähte stecken, Nahtlinien treffen aufeinander. Steppen (6); Nahtanfang und -ende sichern. Nahtzugaben auseinanderbügeln.

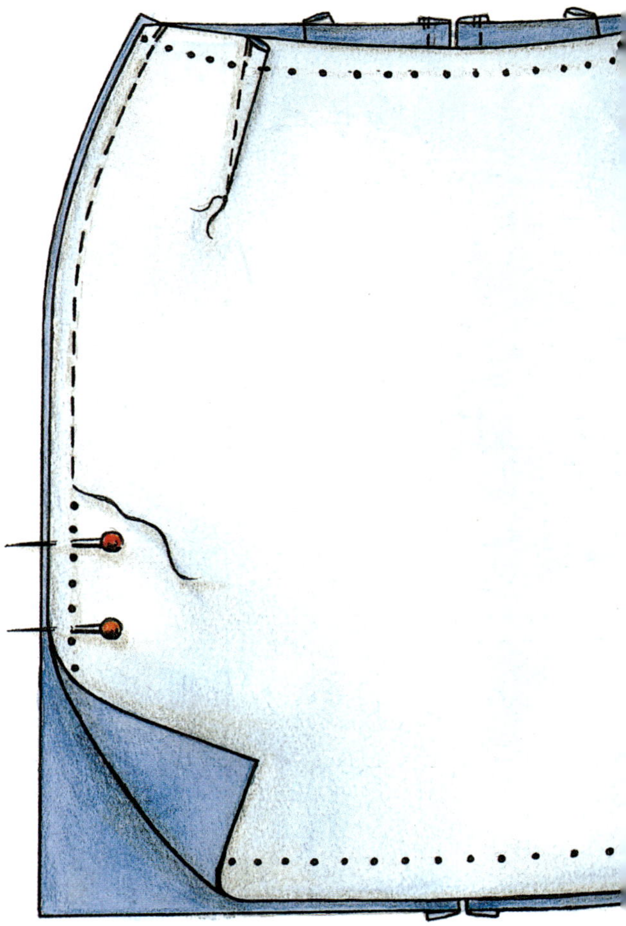

6

Der Bund
Die Bundeinlage (Stanzband) auf die linke Stoffseite bügeln. Den Bund rechts auf rechts auf die obere Rockkante stecken; die Stanzlinie der Bundeinlage trifft auf die Nahtlinie. An der linken rückwärtigen Schlitzkante den Bund in Nahtzugabenbreite, an der rechten Schlitzkante den Untertritt (= 3 cm plus Nahtzugabe) überstehen lassen. Bund in der Mitte der Stanzlinie feststeppen. Nahtanfang und -ende sichern (7).

Die Nahtzugaben in den Bund bügeln. Die Zugabe der anderen langen Bundkante nach innen umbügeln (8).

Den Bund zur Hälfte falten, rechte Seite innen. Schmale Bundkanten in Nahtzugabenbreite aufeinandersteppen: das linke Ende entlang der Schlitzkante, das rechte (= der Untertritt) 3 cm neben der Schlitzkante. Nahtzugaben zurückschneiden, an den Ecken schräg abschneiden (9).

Den Bund zur Hälfte nach innen wenden. Die innere Hälfte an der Ansatznaht feststecken und die Untertrittkanten aufeinanderstecken (10).

7

8

9

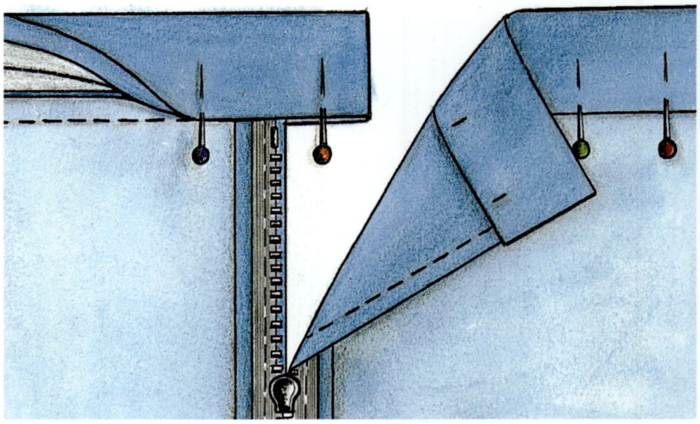
10

Von der rechten Rockseite aus den Bund ringsum schmal absteppen, dabei die innere Hälfte feststeppen, am Untertritt die Kanten aufeinandersteppen.

Rock

Das Knopfloch
in die linke Bundkante einarbeiten: Der Abstand vom Knopflochbeginn zur Bundkante = Knopfdurchmesser. Knopflöchlänge = Knopfdurchmesser plus Knopfhöhe (11).
Wie Sie das Knopfloch nähen, finden Sie auf den Seiten 98 bis 100 bzw. im Anleitungsteil Ihrer Nähmaschine.

Den Knopf annähen
Zum Markieren der Knopfannähstelle den Bund zustecken. Eine Stecknadel am Knopflochbeginn senkrecht in den Untertritt stecken (12). Knopfloch vorsichtig über die Stecknadel heben. Der Einstich der Stecknadel ist die Knopfannähstelle.

Den Knopf mit „Stiel“ annähen. Am einfachsten geht’s mit einem Streichholz (13). Es wird erst entfernt, bevor Sie den „Stiel“ umwickeln (14).

11

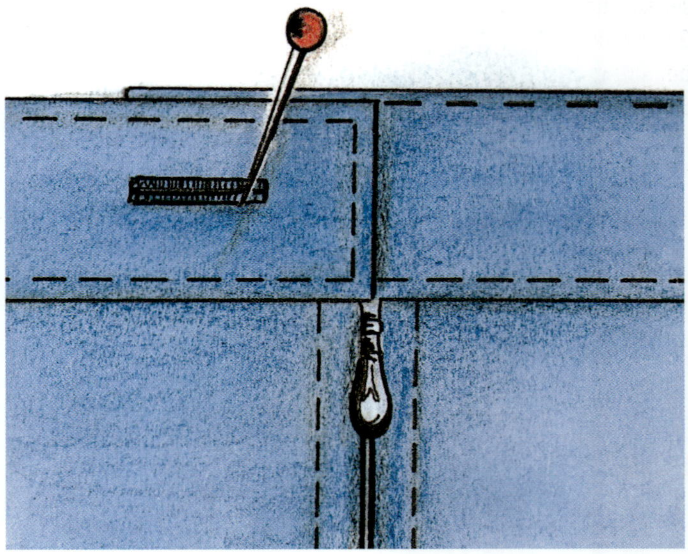

12

13

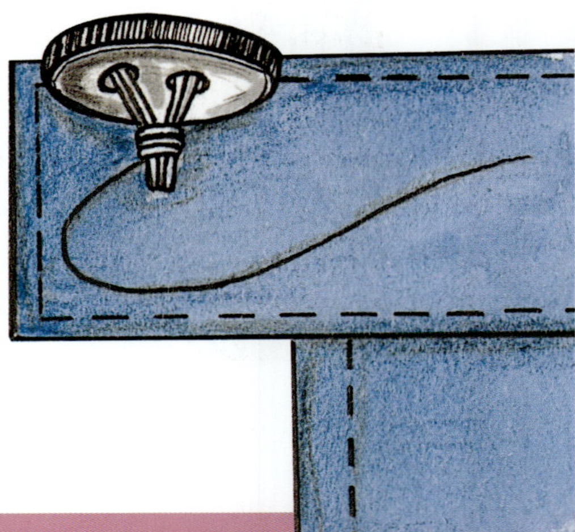

14

Saum und Gehschlitz
Die Saumzugabe versäubern, nach innen umheften. Bügeln. Die Saumzugabe von Hand annähen: Die obere Kante der Saumzugabe ca. 1 cm nach außen umklappen und laut Zeichnung 15 entlang dieser Kante annähen. Damit auf der rechten Seite keine Stiche zu sehen sind, vom Rock nur 1 bis 2 Gewebefäden erfassen. An der Saumzugabe dürfen die Stiche größer sein. Den Faden nicht straff anziehen.

Die Nahtzugaben vom Schlitz wieder nach innen wenden, Kante bügeln. Die Schlitzzugaben von Hand auf der Saumzugabe festnähen (16).

Aufhänger
Die neuen Spann-Kleiderbügel für Röcke haben Aufhänger überflüssig gemacht. Bei normalen Kleiderbügeln sollten Sie aber auf die Aufhänger nicht verzichten. Üblich sind 2 Aufhänger. Sie sollten ca. 8 cm länger sein als die doppelte Bundbreite und werden vor dem Annähen des Bundes auf der Innenseite der oberen Rockkante festgesteckt und beim Feststeppen des Bundes mitgefaßt.

Für die Aufhänger können Sie schmale, farblich abgestimmte Tresse verwenden oder schmale Röllchen aus Schrägstreifen nähen (wie's gemacht wird, finden Sie auf Seite 49).

So stecken Sie die Aufhänger in den Rock:
Aufhänger zur Hälfte falten, die Enden über den Seitennähten feststecken (1).

Oder, wenn Sie diese langen Aufhänger nicht mögen, weil sie doch mal aus dem Rockbund herausschauen könnten, die Aufhänger so feststecken, daß die Enden jeweils gleich weit von der Seitennaht entfernt sind (2).

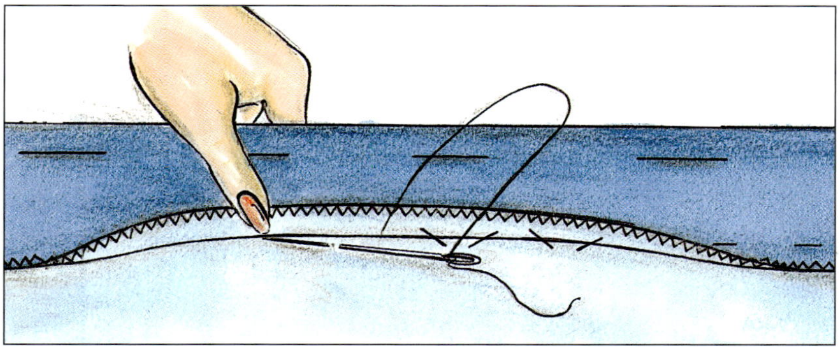
15

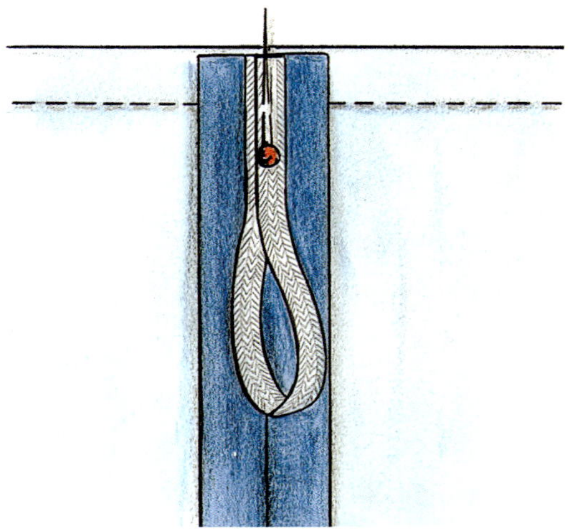
1

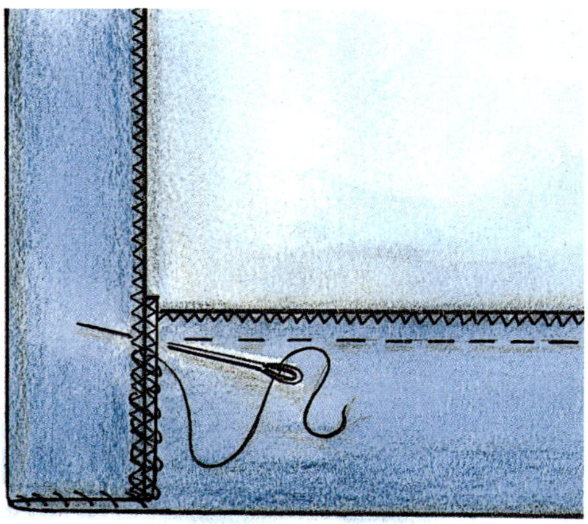
16

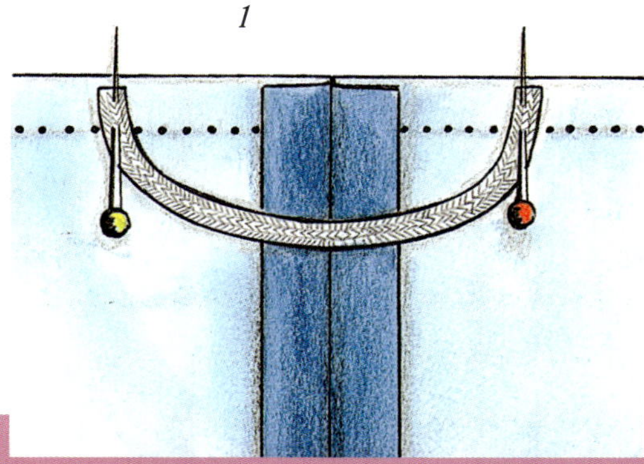
2

Das Rockfutter

Bei einem Sommerrock, unter dem Sie keine Strumpfhosen tragen, können Sie auf das Futter verzichten. Soll der Rock auch bei kühlerem Wetter getragen werden, ist füttern empfehlenswert, um ein „Kleben" an den Strümpfen zu vermeiden.
Die Entscheidung, ob Sie Ihren Rock füttern möchten oder nicht, sollten Sie jedoch fällen, bevor der Rock fertig ist, denn das Futter wird eingenäht, bevor der Bund angesetzt wird.

Futter zuschneiden

Sie benötigen 1mal die Rocklänge plus 5 cm, d. h.
für Rock **A** 53 cm,
für Rock **B** 60 cm Futter,
140 cm breit.

Zum Zuschneiden verwenden Sie dieselben Schnitteile wie für die Stoffteile:

1 Vordere Rockbahn 1mal im Stoffbruch
2 Rückw. Rockbahn 2mal

Rings um die Papierschnitteile 1,5 cm breite Naht- und Saumzugaben auf das Futter zeichnen.
Teile an diesen Linien ausschneiden. Die Schnittkonturen und die in den Schnitteilen eingezeichneten Abnäher und Schlitzzeichen auf die Futterteile übertragen.

Futterrock nähen

Die *rückwärtige Mittelnaht* zwischen den Schlitzzeichen steppen (siehe auch Zeichnung 1 von Seite 42). Die Nahtzugaben – auch an den Schlitzkanten – versäubern. Nahtzugaben auseinanderbügeln.
Die *Abnäher* steppen, zur vorderen bzw. rückwärtigen Mitte bügeln (siehe auch Zeichnungen 2 und 3 von Seite 42).
Die *Seitennähte* steppen. Die Zugaben versäubern und auseinanderbügeln.
Das Futter links auf links in den Rock stecken; Abnäher und Nähte treffen aufeinander. Futter eingeschlagen auf den Reißverschlußbändern feststecken und von Hand annähen. Die oberen Kanten von Rock und Futterrock aufeinanderheften (1).

Den Bund annähen (siehe Seite 44). Den Rocksaum nähen (siehe Seite 47).

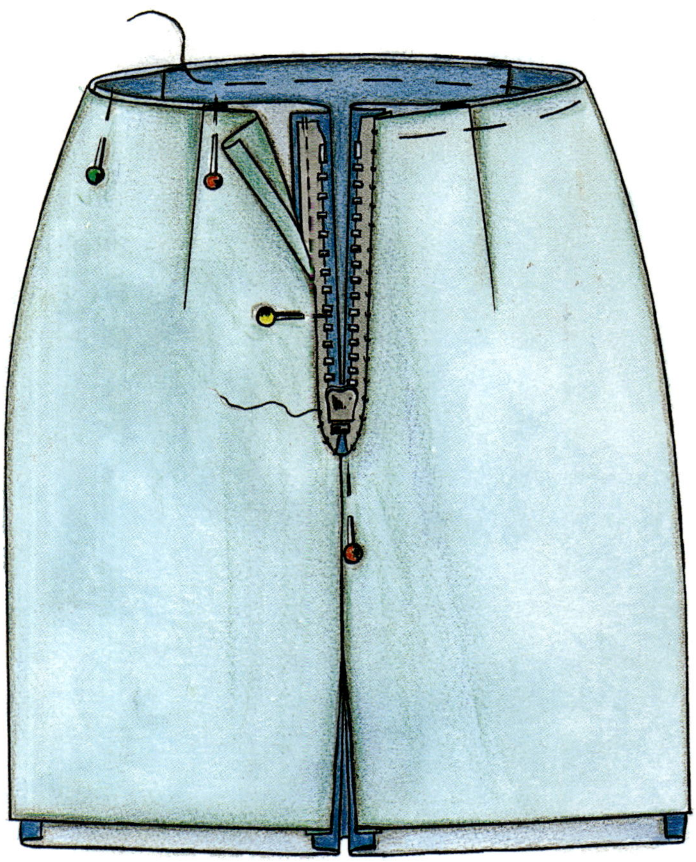

1

Der Futtersaum
Die untere Futterkante 4 cm breit nach innen umbügeln und eingeschlagen feststecken; fertige Breite 2 cm. Bügeln. Die Saumzugabe schmal feststeppen (siehe Seite 107).

Futter am Schlitz annähen
Die rückwärtige Mittelnaht von Futter und Rock am Schlitzende aufeinanderstecken. Vom Futter an den Schlitzkanten 1 cm abschneiden. Futter am Schlitzbeginn 1,5 cm schräg einschneiden. Futter eingeschlagen auf den Schlitzzugaben feststecken, von Hand annähen (2).

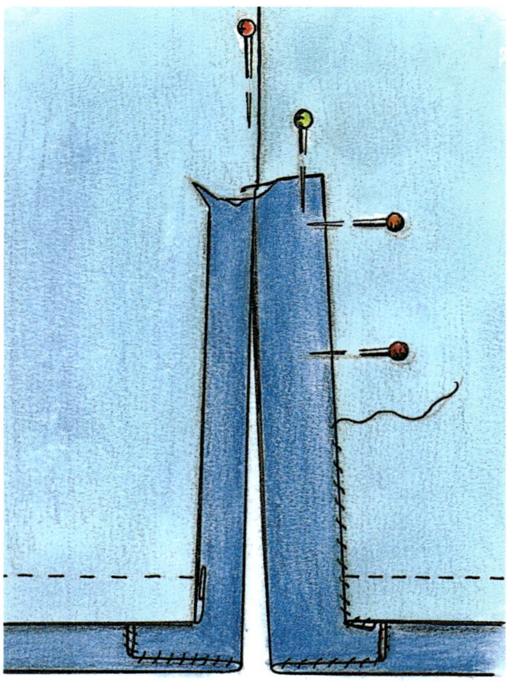
2

Extratip

Aufhänger aus Futterschrägstreifen nähen

Schrägstreifen, ca. 3 cm breit, der Länge nach zur Hälfte falten, rechte Seite innen. Ca. 1/2 cm neben der Bruchkante steppen. Zum Wenden eine Wendenadel (Prym, Zeichnungen 1 und 2) verwenden.

1
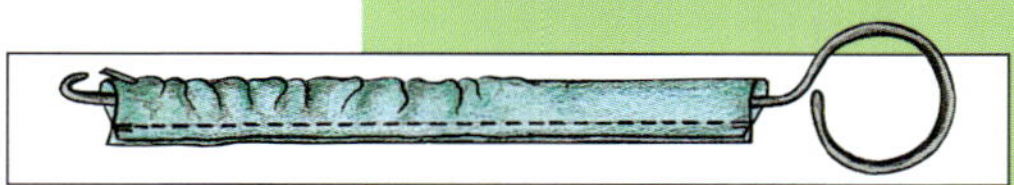

2

Oder: An einem Ende einen Faden befestigen. Den Faden in eine Stopfnadel fädeln und verknoten (3). Die Nadel mit dem Öhr voran durch den Schrägstreifen schieben (4).

3
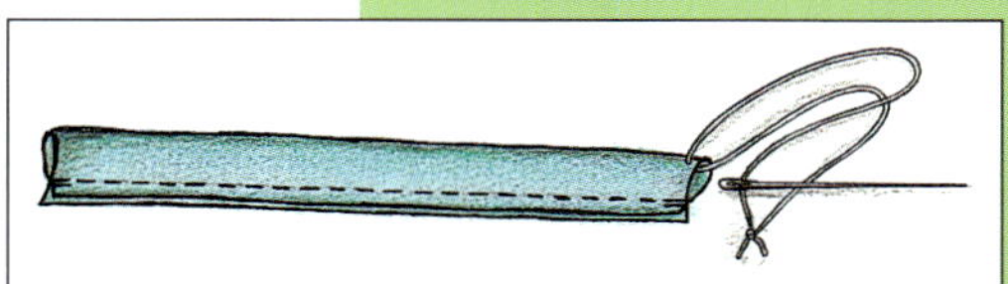

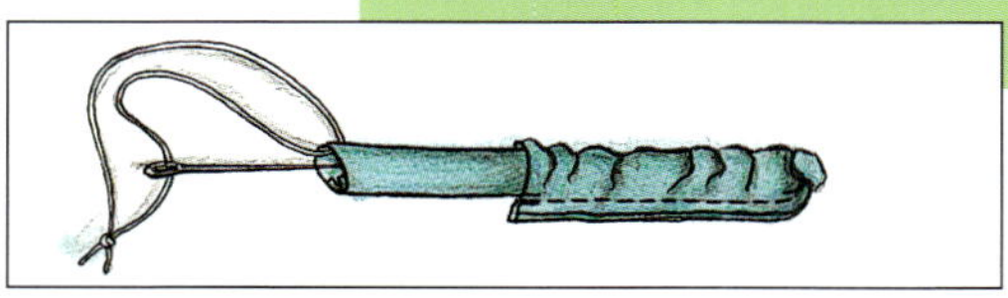
4

Auch so können Sie den Schrägstreifen wenden: Vor dem Steppen des Röllchens den Ober- und Unterfaden so weit aus der Maschine ziehen, daß die Fadenenden ca. 5 cm länger sind als der Schrägstreifen. Die Fäden nicht wie gewohnt hinter die Nadel legen, sondern vor der Nadel in die Mitte des Schrägstreifens. Nach dem Steppen das Röllchen an den mitgeführten Fäden „umstülpen" (5).

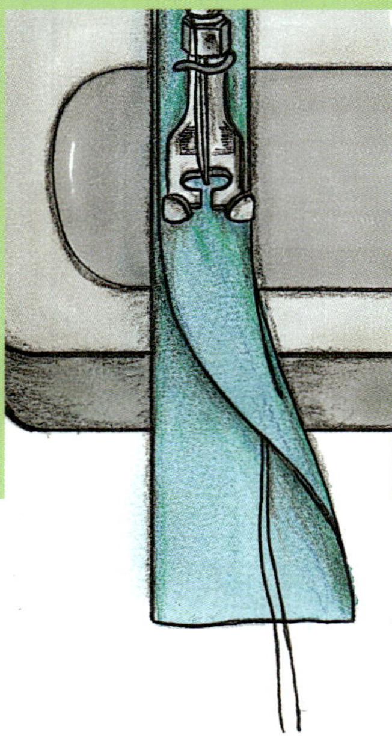
5

Die klassische Bundfaltenhose

Diese Hosenform macht nicht nur eine gute Figur, sondern ist auch vielfältiger Kombipartner für Ihre Garderobe. Ob in Leinen oder in leichten Wollstoffen, den Hosenschnitt können Sie im Sommer und Winter verwenden.
Die präzise Nähanleitung auf den folgenden Seiten verhilft Ihnen zum guten Gelingen. Gehen Sie Schritt für Schritt nach der Anleitung vor, damit auch dieses nicht ganz einfache Modell ein Erfolg wird.

Bildernähkurs zur Hose

Seitliche Hosenlänge
ca. 103 cm
Saumweite ca. 41 cm

Sie brauchen
1,50 m Stoff, 150 cm breit.
Futterrest für Taschenbeutel, ca. 40 x 45 cm groß.
Aufbügelbare Bundeinlage (Stanzband), 1 – 3 – 3 – 1 cm breit in Taillenweite plus 10 cm.
1 Reißverschluß,
für Gr. 36 bis 40 je 18 cm,
Gr. 42 und 44 je 20 cm lang.
1 Knopf.
Nähgarn.
Zum Abpausen der Schnittteile vom Bogen Seidenpapier oder Burda-Kopierfolie (beides beim Burda-Hobby-Service erhältlich).

Der Schnitt
Für diese Hose benötigen Sie 5 Schnitteile:
1 Vord. Hosenteil
2 Taschenbeutel
3 Hüftpassenteil
4 Rückw. Hosenteil
5 Bund
Die Schnitteile sind in Grün auf Bogen B.

Falten Sie den Schnittbogen auseinander. Die Nummern der Schnitteile stehen in Grün als Suchnummern am Bogenrand. In gerader Linie von der Suchnummer aus finden Sie das entsprechende Schnitteil auf dem Bogen. Jetzt können Sie die Schnitteile auf Seidenpapier oder auf Burda-Kopierfolie durchpausen.
In jedem Schnitt stecken 5 Größen. Achten Sie daher auf die Erkennungslinie Ihrer Größe. Wie diese Linie aussieht, sehen Sie bei der Schnittübersicht. Die Schnittübersicht ist die verkleinerte Darstellung der Schnitteile. Hier sehen Sie auch sofort, welche Linien und Markierungen Sie außerdem abzeichnen müssen.
Bevor Sie das Seidenpapier bzw. die Kopierfolie entfernen, vergleichen Sie Ihre Schnitteile mit der Schnittübersicht, ob Sie auch alle Linien und Markierungen abgepaust haben.

Zuschneiden
Den Stoff der Länge nach falten, die rechte Stoffseite ist innen. Der Zuschneideplan zeigt, wie Sie die Schnitteile auf den Stoff legen. Achten Sie dabei darauf, daß der in den Schnittteilen eingezeichnete Fadenlauf parallel zu den Webkanten des Stoffes verläuft (siehe auch Seite 25).

Naht- und Saumzugaben:
Rings um die Papierschnitteile die Naht- und Saumzugaben mit Lineal und Schneiderkreide auf den Stoff zeichnen: 4 cm für Saum, 1,5 cm an allen anderen Kanten und Nähten (siehe auch S. 27). Teile an diesen Linien ausschneiden.

1 Vord. Hosenteil 2mal
2 Taschenbeutel 2mal aus Futter
3 Hüftpassenteil 2mal
4 Rückw. Hosenteil 2mal
5 Bund 2mal

Die Schnittkonturen (Naht- und Saumlinien) und die in den Schnitteilen eingezeichneten Linien und Markierungen mit Kopierrädchen und Burda-Kopierpapier auf die linke Seite der Stoffteile übertragen (siehe Seite 28).
Die Bügelfalte, die vordere Mitte sowie an den Hüftpassenteilen die Anstoßlinien mit Heftfaden auf die rechte Stoffseite übertragen.

Schnittübersicht
Grüner Schnitt
auf Schnittbogen B
Schnitteile 1 bis 5

Gr. 36
Gr. 38
Gr. 40
Gr. 42
Gr. 44

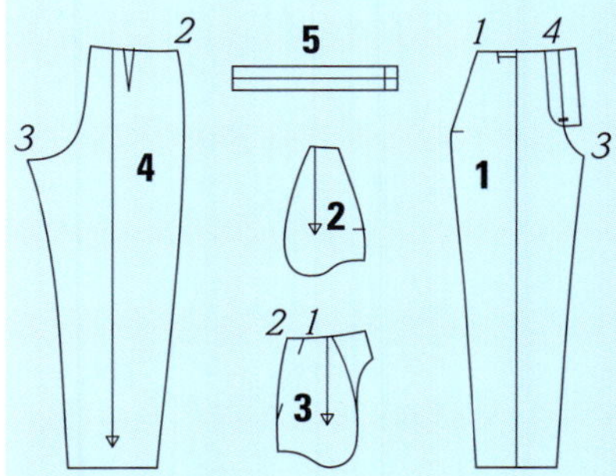

Schnitteile vom Bogen abpausen. Bei Teil 5 die unterschiedlichen Linien für rechte und linke Kante beachten.

Zuschneideplan
für Größen 36 bis 44
bei 150 cm Stoffbreite

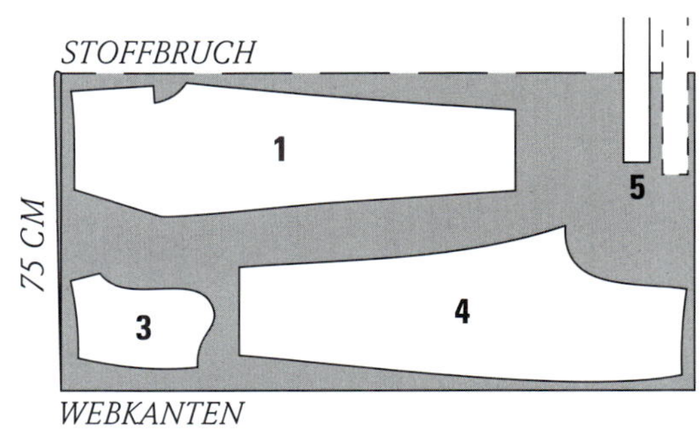

Nähen

Bügelfalte, vordere Hosenteile
Die vorderen Hosenteile jeweils entlang der markierten Bügelfalte falten, linke Seite innen. Bruchkante von oben bis ca. 10 cm vor die markierte Saumlinie bügeln (1).

Bundfalten
Von der rechten Hosenseite aus die Bundfalte jeweils in Pfeilrichtung so legen, daß die Bügelfalte an den Querstrich trifft. Falte festheften (2).

Hüftpassentaschen
Die Taschenbeutel jeweils rechts auf rechts auf die Tascheneingriffe stecken und steppen (3).

Die Nahtzugaben zurückschneiden und auseinanderbügeln. Die Taschenbeutel nach innen wenden. Kante bügeln und schmal absteppen. Die Tascheneingriffe jeweils an die Anstoßlinien treffend auf die Hüftpassen stecken; seitliche und obere Kanten treffen aufeinander (4).

1

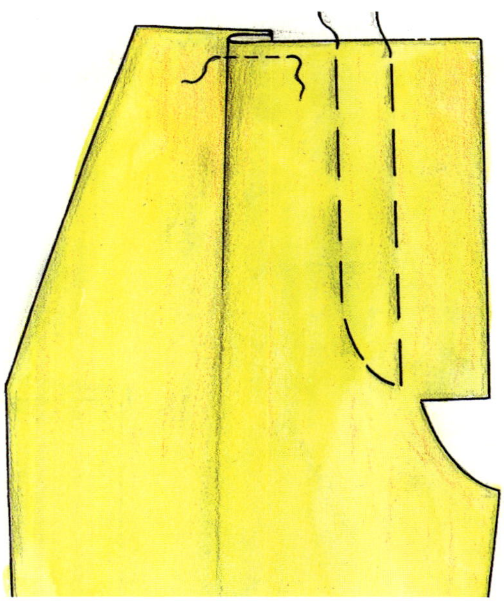

2

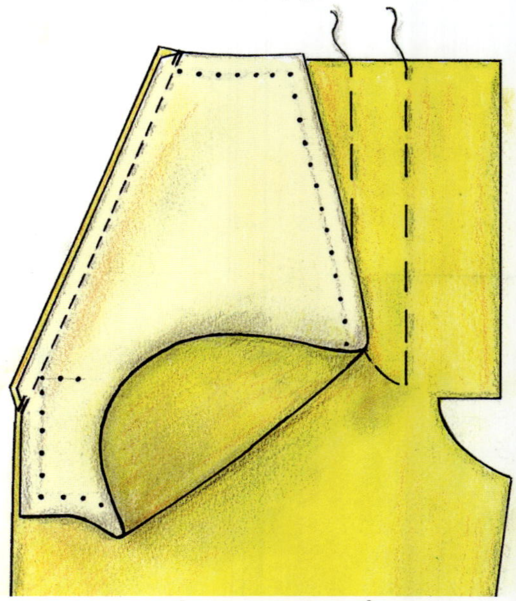

3

4

Wichtig: Bei fast allen Hüftpassentaschen sind die Tascheneingriffe etwas länger als die Anstoßlinie der Hüftpassen. Diese Mehrlänge ist erforderlich, damit die Tascheneingriffe beim Tragen nicht spannen, und darf nicht weggemogelt werden.

Die vorderen Hosenteile jeweils über den Tascheneingriff legen. Die Taschenbeutel auf die Hüftpassen stecken; Nahtlinien treffen aufeinander. Steppen (5).

Die Zugaben versäubern. Obere und seitliche Kanten von Taschenbeuteln, Hüftpassen und Hosenteilen aufeinanderheften; Nahtlinien treffen aufeinander. Die vordere Kante der Hüftpassen jeweils Mitte auf Mitte treffend auf die Hosenteile heften (6).

Die Hüftpasse am linken Hosenteil 3⁄4 cm neben der vorderen Mitte (7), am rechten Hosenteil entlang der vorderen Mitte (7a) abschneiden.

5

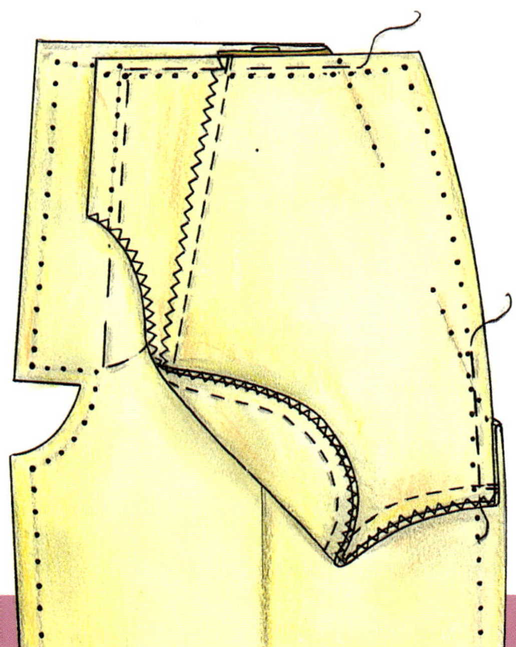
6

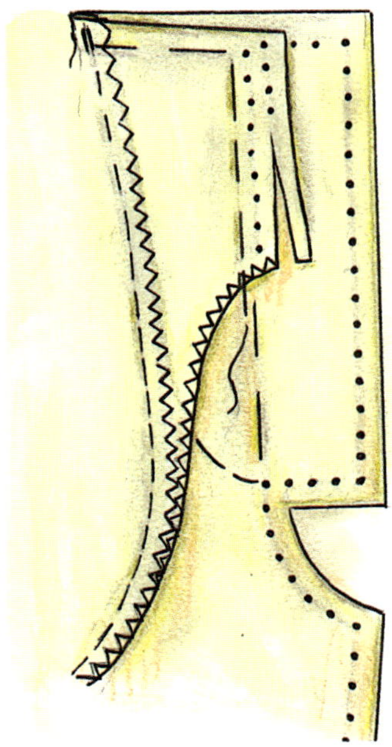
7

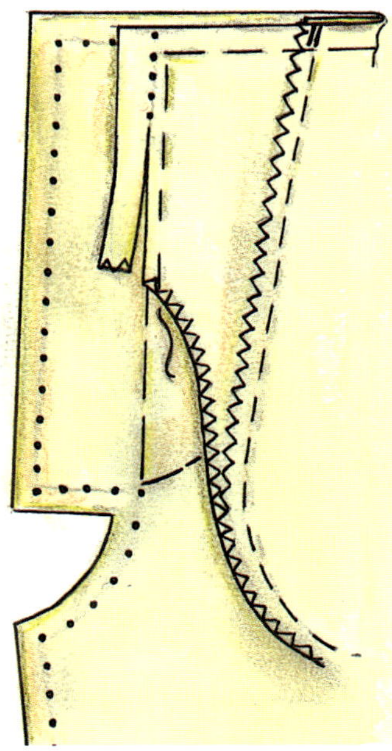
7a

Hose

Die Abnäher

Die rückwärtigen Hosenteile jeweils so falten, daß die Abnäherlinien aufeinandertreffen; rechte Stoffseite innen. Abnäherlinien aufeinanderstecken und -steppen. Dabei an der oberen Kante beginnen und den Nahtanfang mit Rückstichen sichern. An der Abnäherspitze die Fadenenden verknoten (8).
Abnäher zur rückwärtigen Mitte bügeln.

Die Seitennähte

Die vorderen Hosenteile rechts auf rechts auf die rückwärtigen Hosenteile legen, Seitennähte stecken. Steppen (9). Die Nahtzugaben versäubern (siehe auch Seite 37) und auseinanderbügeln.

8

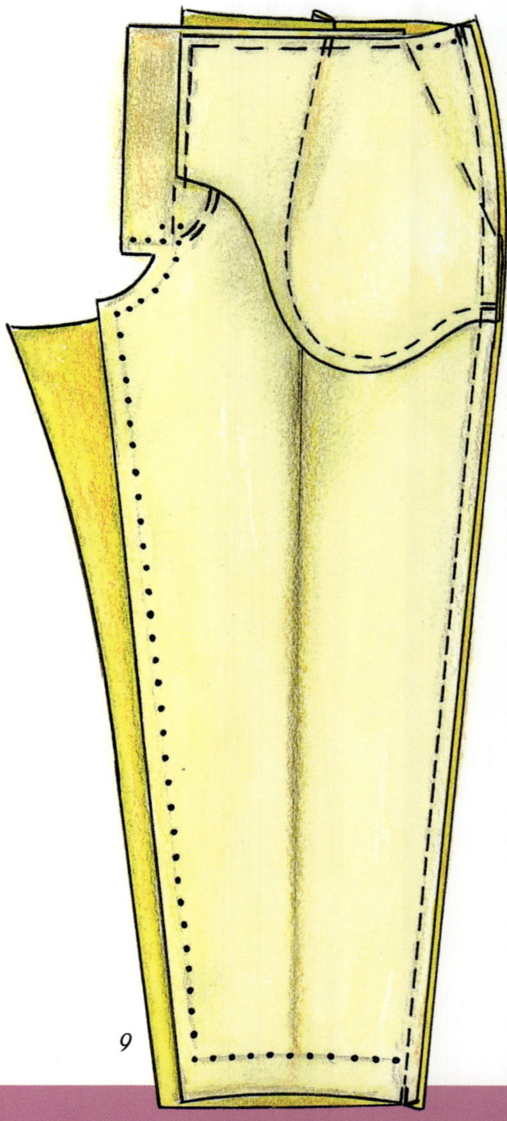

9

Die inneren Beinnähte
Die Hosenteile längs falten, rechte Seite innen. Die inneren Beinnähte stecken und steppen (10).
Die Nahtzugaben versäubern und auseinanderbügeln.

Die Bügelfalte in die rückwärtigen Hosenteile einbügeln
Die Hosenteile wenden, rechte Seite außen. Die Hosenteile so auf die Bügelunterlage legen, daß die innere Beinnaht auf die Seitennaht trifft und die Bügelfalte des vorderen Hosenteils ganz gerade liegt. Die Bügelfalte von oben bis ca. 10 cm vor die markierte Saumlinie in die rückwärtigen Hosenteile einbügeln (11).

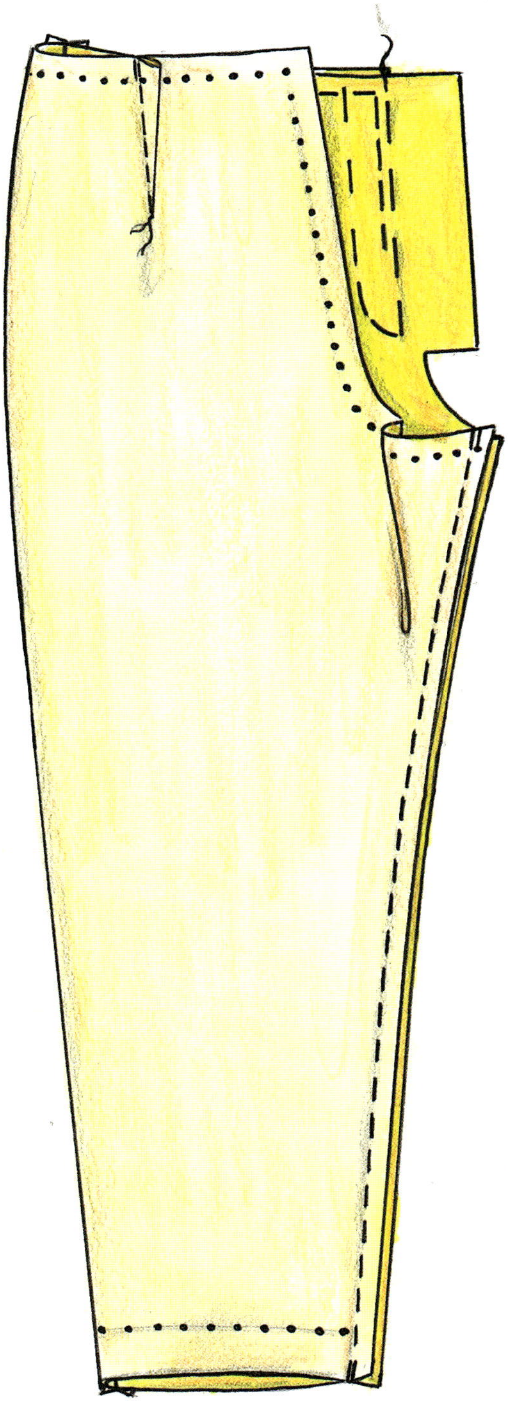
10

11

Hose

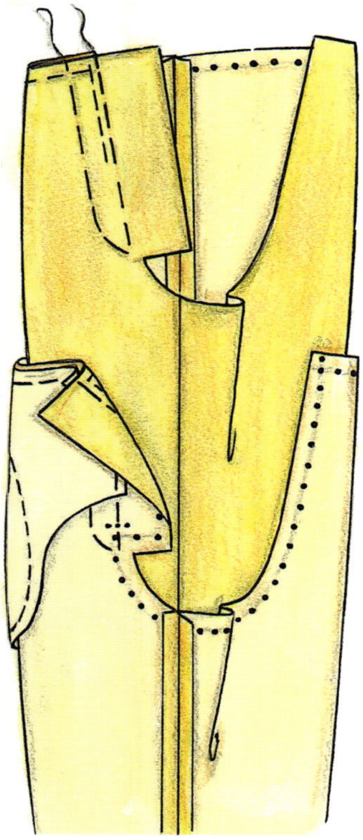

12

Die vordere Mittelnaht

An beiden Hosenteilen die Zugabe von Mittelnaht und Besatz versäubern. Ein Hosenteil wenden, linke Seite außen. Das andere Hosenteil in dieses Hosenteil schieben, rechte Stoffseiten und innere Beinnähte treffen aufeinander (12).

Die vordere Mittelnaht vom Schlitzzeichen bis zur inneren Beinnaht stecken; Nahtlinien treffen aufeinander. Steppen (13). Nahtenden sichern.

Den Reißverschluß einnähen

Damenhosen schließen von rechts nach links. Das heißt, an der rechten vorderen Hosenkante den Besatz an der markierten vorderen Mitte nach innen umheften. Damit der Reißverschluß nicht „vorblitzen“ kann, den Besatz an der linken Schlitzkante 1/2 cm neben der vorderen Mitte nach innen umheften, dabei die Nahtzugabe am Schlitzende (Pfeil) bis ca. 3/4 cm vor die Naht einschneiden. Kanten bügeln (14).

Die linke Schlitzkante dicht neben den Verschlußzähnchen auf das Reißverschlußband stecken – evtl. heften – und mit dem einseitigen Kantensteppfuß (Reißverschlußfuß) schmal feststeppen (15).

Den Schlitz Mitte auf Mitte zustecken (16).

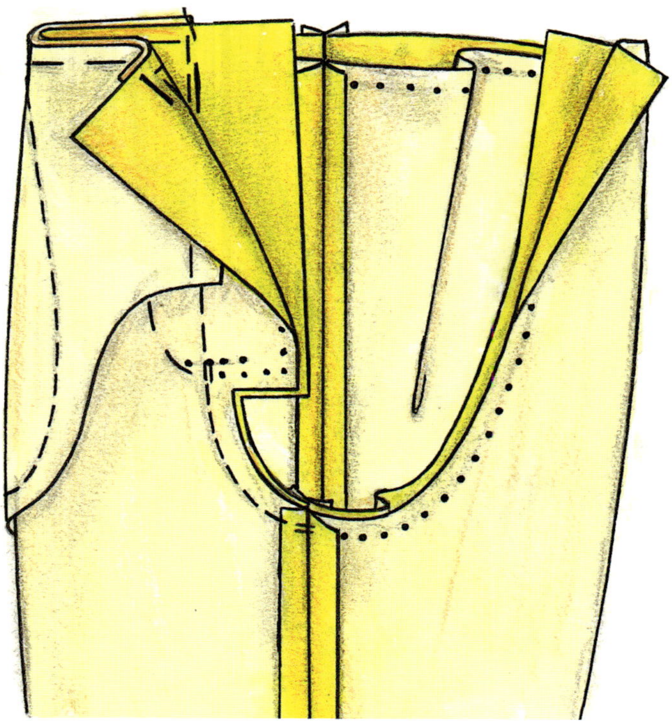

13

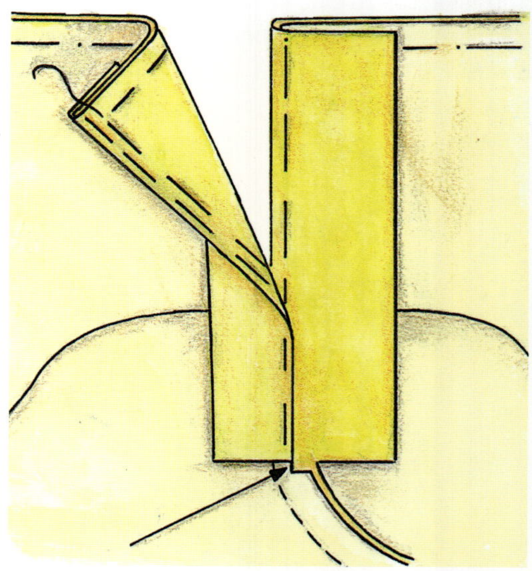

14

Den Besatz des *rechten* Hosenteils auf dem zweiten Reißverschlußband feststecken, dabei die Hose nicht mitfassen. Reißverschluß auf den Besatz steppen (17).

Den Besatz auf dem rechten Hosenteil feststecken. Von der rechten Hosenseite aus die *rechte* Verschlußkante entlang der markierten Stepplinie absteppen, dabei den Besatz feststeppen (18).

15

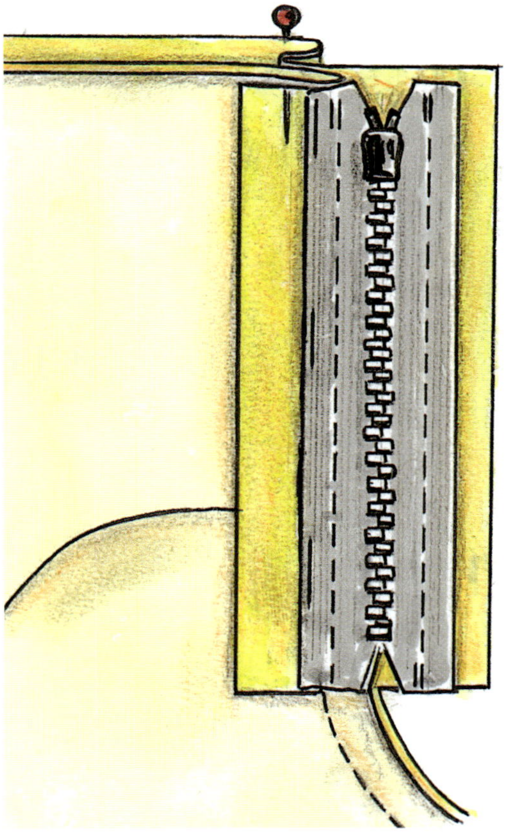

17

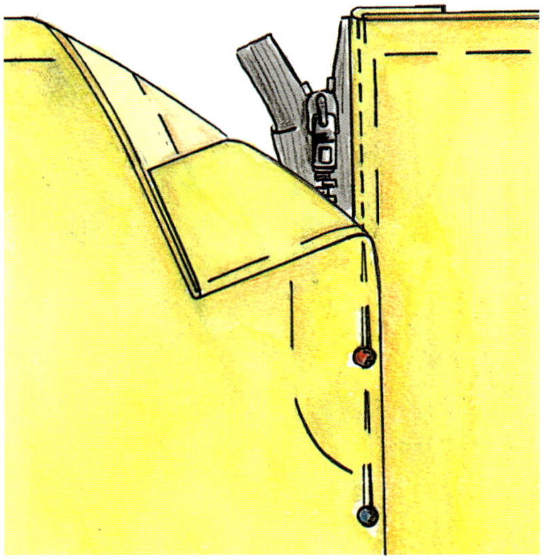

16

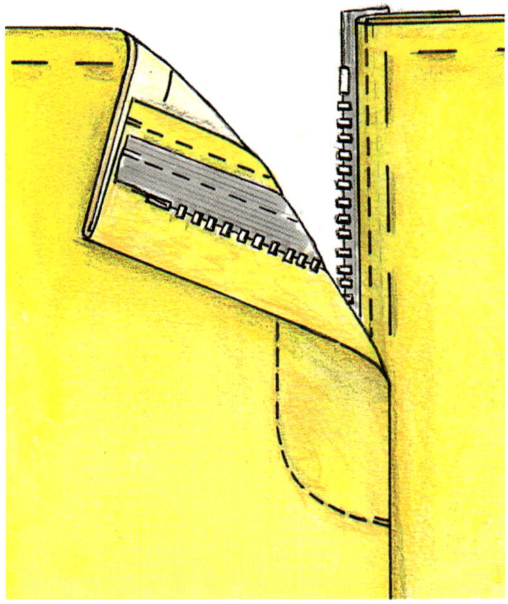

18

Extratip

Ganz professionell ist der Schlitz mit Untertritt.

Einfach einen Stoffstreifen – 6 cm breit und ca. 3 cm länger als der Schlitz – längs falten, rechte Seite innen. Die unteren Kanten ab der Bruchkante halbrund aufeinandersteppen (A). Den überstehenden Stoff 1/2 cm neben der Stepplinie abschneiden. Den Untertritt wenden. Kanten bügeln. Die langen Kanten zusammengefaßt versäubern. Den Untertritt so unter die linke Schlitzkante stecken, daß die mit Zickzackstichen versäuberte Kante über dem Reißverschlußband liegt (B).

Wichtig: Der Untertritt darf, ab der markierten vorderen Mitte gemessen, nur so weit vorstehen, wie der am Bund vorgesehene Untertritt.

Von der Innenseite aus den Besatz der linken Schlitzkante dicht neben der Reißverschlußansatznaht auf den Untertritt steppen (C), dazu den einseitigen Kantensteppfuß verwenden. Am Schlitzende den Besatz der rechten Verschlußkante und den Untertritt aufeinandersteppen.

Der Bund

Die Bundeinlage auf die linke Seite der Bundteile bügeln. Die Bundteile rechts auf rechts auf die entsprechenden oberen Hosenkanten stecken; die Stanzlinie der Bundeinlage trifft auf die Nahtlinie. An der rechten Schlitzkante den Bund in Nahtzugabenbreite, an der linken Schlitzkante den Untertritt überstehen lassen. Bundteile in der Mitte der Stanzlinie feststeppen. Nahtanfang und -ende sichern. Nahtzugaben in die Bundteile bügeln. Die Zugabe der anderen langen Bundkanten nach innen umbügeln (19).

Die Bundteile zur Hälfte falten, rechte Seite innen. Die schmalen Bundkanten in Nahtzugabenbreite aufeinandersteppen: das rechte Ende entlang der Schlitzkante, das linke den Untertritt in Nahtzugabenbreite neben dem Bundende. Die Nahtzugaben zurückschneiden, an den Ecken schräg abschneiden (20).
Die Bundteile zur Hälfte nach innen wenden. Die inneren Bundhälften an den Ansatznähten feststecken, am Untertritt die Kanten aufeinanderstecken. Von der rechten Hosenseite aus alle Bundkanten schmal absteppen, dabei die inneren Hälften feststeppen und am Untertritt die Kanten aufeinandersteppen.

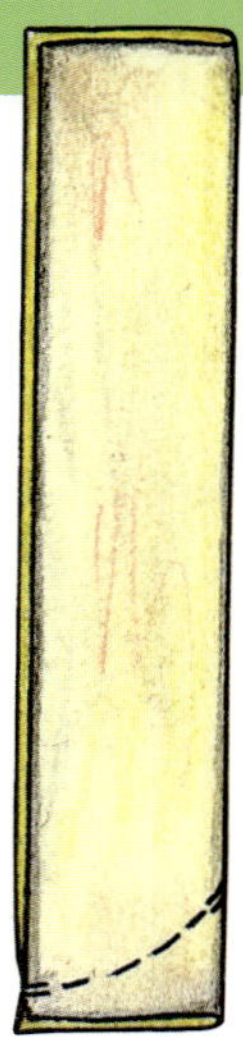

A

B

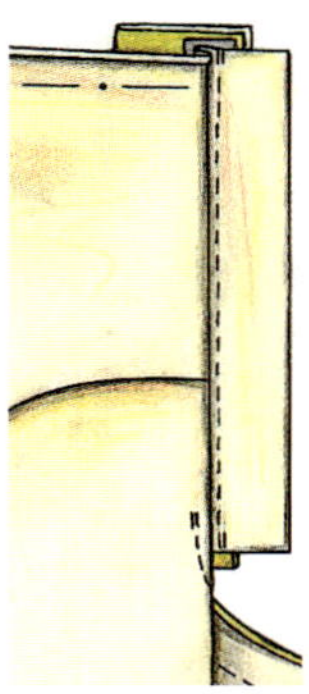

C

19

20

Rückwärtige Mittelnaht
Die Hosenbeine wieder ineinanderschieben; rechte Stoffseiten liegen aufeinander. Die rückwärtige Mittelnaht stecken; Nahtlinien treffen aufeinander. Fortlaufend die schmalen Bundkanten aufeinanderstecken. Steppen. Nahtenden sichern (21). Die Nahtzugaben von oben bis zum Beginn der Rundung auseinanderbügeln. Oben die Nahtzugaben auf der Bundinnenseite von Hand annähen.

Das Knopfloch
in die rechte Bundkante einarbeiten: Der Abstand vom Knopflochbeginn zur Bundkante = Knopfdurchmesser. Knopflochlänge = Knopfdurchmesser plus Knopfhöhe (22). Wie Sie das Knopfloch nähen, finden Sie im Anleitungsteil Ihrer Nähmaschine.

Den Knopf annähen
Den Bund zustecken. Am Knopflochbeginn eine Stecknadel senkrecht in den Untertritt stecken. Knopfloch vorsichtig über die Stecknadel heben. Der Einstich der Stecknadel ist die Knopfannähstelle. Den Knopf mit „Stiel" annähen. Am einfachsten geht's mit einem Streichholz. Es wird erst entfernt, bevor Sie den „Stiel" umwickeln (siehe auch Zeichnungen 12 bis 14 auf Seite 46).

Der Saum
Die Zugabe der unteren Hosenkanten versäubern, nach innen umheften, bügeln und locker annähen: Die obere Kante der Saumzugabe ca. 1 cm nach außen umklappen und laut Zeichnung 23 entlang dieser Kante annähen. Damit auf der rechten Seite keine Stiche zu sehen sind, von der Hose nur 1 bis 2 Gewebefäden erfassen. An der Saumzugabe dürfen die Stiche größer sein. Den Faden nicht straff anziehen.
Zuletzt die Bügelfalten in die unteren Hosenkanten einbügeln.

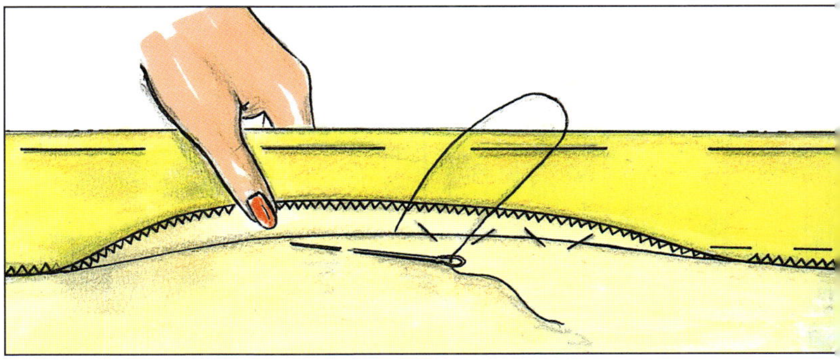
23

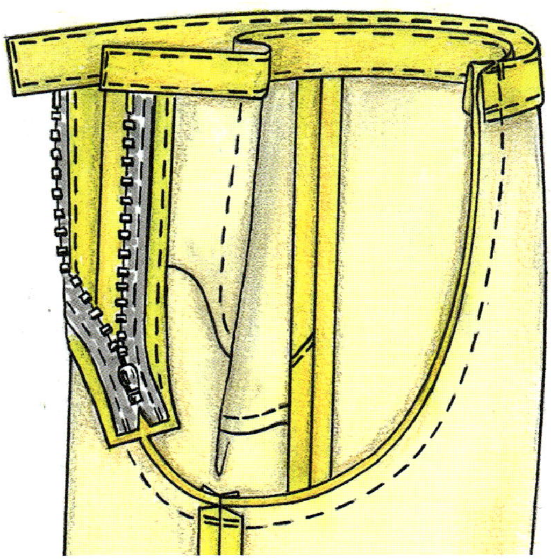
21

22

Tip

Da die Mittelnaht stark strapaziert wird, die Naht zweimal oder mit der Stretch- oder Dreifachnaht (Näheres dazu finden Sie im Anleitungsheft Ihrer Nähmaschine) steppen.

Das Hosenfutter

In den Nähanleitungen sind Hosen fast immer ungefüttert. Falls Sie auf diesen Tragekomfort nicht verzichten möchten, erklären wir Ihnen hier, wie Sie Hosen füttern können.

Futter nur im vorderen Hosenteil

Das ist die gebräuchlichste Art, eine Hose zu füttern. Dabei reicht das Futter nur bis etwa Kniehöhe und wird mit dem Stoff wie eine Stofflage verarbeitet.

Wieviel Futter Sie benötigen, können Sie am vorderen Hosenteil abmessen (1).

Zum Zuschneiden das Schnittteil des vorderen Hosenteils so auf das Futter legen, daß die obere Kante (Taille) an der Bruchkante liegt. Die Webkanten des Futters werden zur unteren Kante (2).

Das Futter mit den gleichen Nahtzugaben zuschneiden wie die Stoffteile und die Nahtlinien und die im Schnittteil eingezeichneten Linien und Markierungen auf das Futter übertragen.

Die Futterteile mit der rechten Seite auf die linke Stoffseite der vorderen Hosenteile stecken und ringsum festheften (3).

Dann Stoff und Futter wie eine Stofflage nähen.

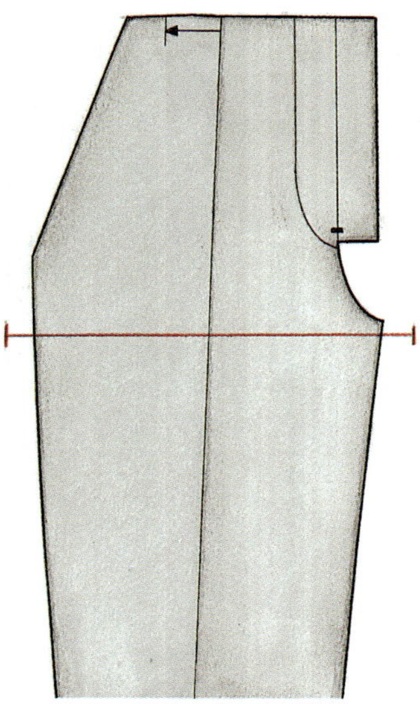

1

2

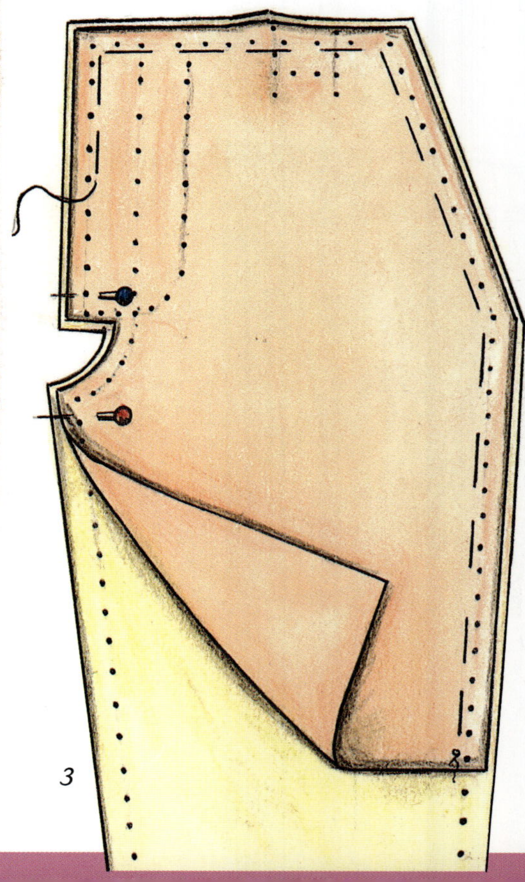

3

Die Hose ganz füttern
Diese Futterverarbeitung ist bei Leder obligatorisch. Da das Futter vor dem Ansetzen des Bundes eingenäht wird, muß die rückwärtige Mittelnaht der Hose bereits genäht sein.

Das Futter wird nach den gleichen Schnitteilen wie die Stoffhose, jedoch ohne Bund, zugeschnitten.
Bei Hüftpassentaschen vor dem Zuschneiden das Schnitteil des vorderen Hosenteils so auf die Hüftpasse kleben, daß der Tascheneingriff an der Seitennaht auf die markierte Anstoßlinie trifft (1). An der oberen Kante entsteht ein Abnäher, der am Futter als Fältchen gelegt wird.
An der Futterhose die Seiten- und inneren Beinnähte steppen. Die Nahtzugaben versäubern und auseinanderbügeln.
Die Mittelnaht vom Schlitzzeichen bis zur rückwärtigen oberen Hosenkante steppen.
Das Futter links auf links in die Hose schieben; Nähte treffen aufeinander. Am Schlitzende die Mittelnaht von Hose und Futter aufeinanderstecken.
An der Kante, an der an der Hose der Untertritt ist, das Futter in Untertrittbreite neben der markierten vorderen Mitte nach innen wenden und auf dem Reißverschlußband feststecken (2).
Die andere Futterkante 1 cm oberhalb vom Schlitzende bis zu den Reißverschlußzähnchen einschneiden, in die Ecke 3⁄4 cm schräg einschneiden. Dann das Futter einschlagen und auf den Reißverschlußbändern annähen (4).
Die oberen Kanten von Hose und Futter aufeinanderheften und den Bund annähen.
Am Saum das Futter (2 cm kürzer als die Hose) umbügeln, einschlagen und schmal feststeppen (siehe auch Seite 105).

Tip

Auch wenn Sie beim ersten Tragen einer neuen Hose feststellen, daß der Stoff unangenehm auf der Haut ist oder an den Strümpfen klebt, können Sie die Hose so füttern. Die obere Futterkante wird dann eingeschlagen und an der Bundansatznaht von Hand angenäht.

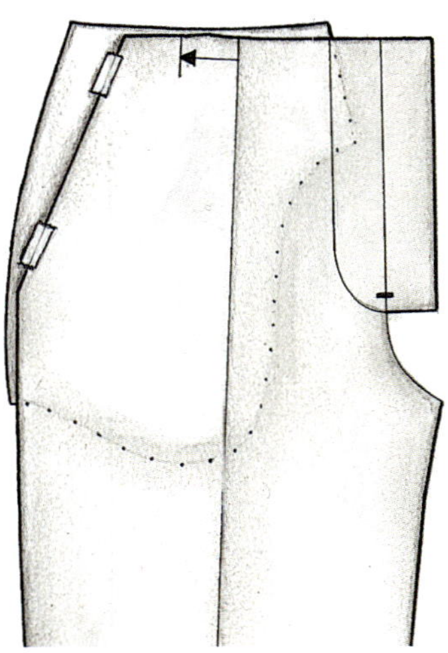
1

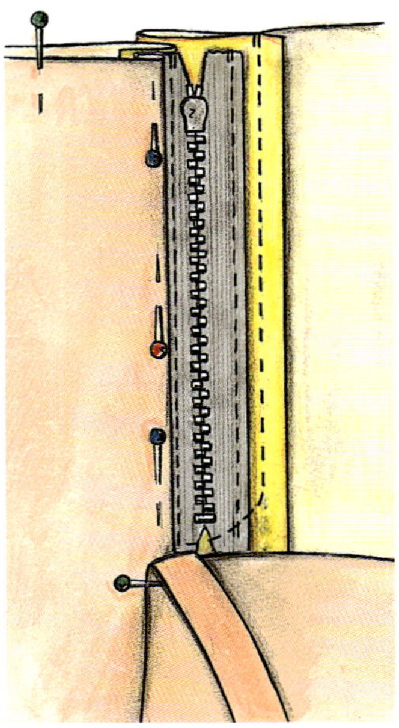
2

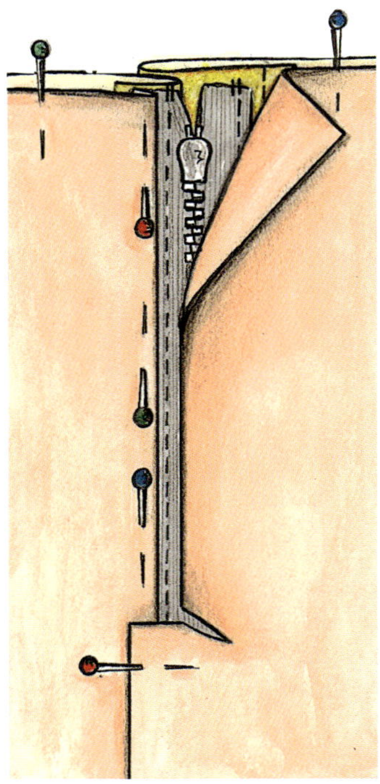
3

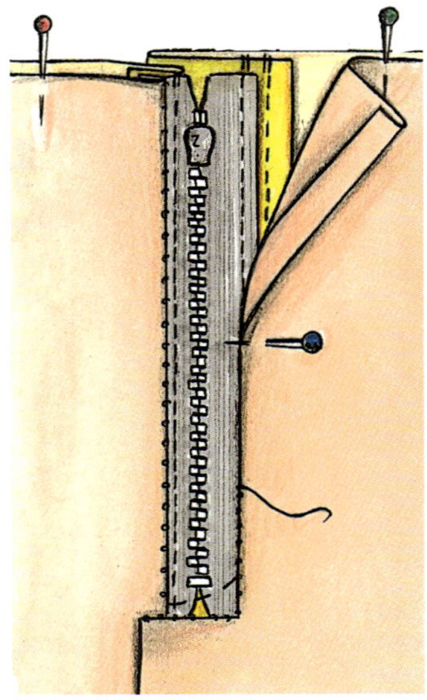
4

Schicke Blusen, Klassiker mit Format

Diese lässig geschnittenen Blusen lassen sich toll kombinieren. Ob uni oder gemustert, ob kurzärmelig oder ganz klassisch mit langen Manschettenärmeln, eine Hemdbluse sollte in keinem Kleiderschrank fehlen. Aus Baumwolle und Leinen gelingen sie, dank der ausführlichen Nähanleitungen auf den nächsten Seiten, auch Näheinsteigern.

A

B

Auch die Long-Bluse im Transparent-Look mit langen Seitenschlitzen wird nach dem Hemdblusenschnitt genäht. Kombiniert mit dem schmalen Rock von Seite 42 und einem Body, ist das modische Outfit perfekt. An so rutschige Stoffe, wie Chiffon, Seide und Viskose, sollten sich jedoch nur geübtere Näherinnen wagen.

Bildernähkurs zur Bluse

Modell A: Langarmbluse
Modell B: Kurzarmbluse
Modell C: Longbluse aus Chiffon

Die Verarbeitung der Blusen ist im wesentlichen gleich.

Rückw. Länge:
A, B ca. 77 cm
C ca. 98 cm

Sie brauchen:

A Langarmbluse,
bei 150 cm Stoffbreite:
Gr. 36, 38: 1,50 m
Gr. 40, 42, 44: 1,65 m
0,25 m aufbügelbare Vlieseline, H 180, 60 cm breit.
9 Knöpfe. Nähgarn.

B Kurzarmbluse,
bei 150 cm Stoffbreite:
Gr. 36, 38, 40, 42: 1,35 m
Gr. 44: 1,45 m
0,20 m aufbügelbare Vlieseline, H 180, 60 cm breit.
7 Knöpfe. Nähgarn.

C Longbluse, Chiffon,
bei 150 cm Stoffbreite:
Gr. 36, 38, 40, 42: 1,55 m
Gr. 44: 1,85 m
0,20 m Organza-Einlage, 90 cm breit.
7 Knöpfe. Nähgarn.

Zum Abpausen der Schnitteile vom Bogen Seidenpapier oder Burda-Kopierfolie (beides beim Burda-Hobby-Service erhältlich).

Der Schnitt

Für diese Blusen benötigen Sie folgende Schnitteile:

1 Vorderteil
2 Rückenteil
5 Kragen
6 Kragensteg
7 Tasche

zusätzlich für die Langarmbluse:

3 Ärmel
4 Manschette

und für die Kurzarmbluse:

8 Ärmel

Die Schnitteile sind in Rot auf Bogen A.
Falten Sie den Schnittbogen auseinander. Die Nummern der Schnitteile stehen in Rot als Suchnummern am Bogenrand. In gerader Linie von der Suchnummer aus finden Sie das entsprechende Schnitteil auf dem Bogen. Jetzt können Sie die Schnitteile auf Seidenpapier oder auf Burda-Kopierfolie durchpausen.
In jedem Schnitt stecken 5 Größen. Achten Sie daher auf die Erkennungslinie Ihrer Größe. Wie diese Linie aussieht, sehen Sie in der untenstehenden Schnittübersicht. Die Schnittübersicht ist die verkleinerte Darstellung der Schnitteile. Hier sehen Sie auch sofort, welche Linien und Markierungen Sie außerdem abzeichnen müssen.
Bevor Sie das Seidenpapier bzw. die Kopierfolie entfernen, vergleichen Sie Ihre Schnitteile mit der Schnittübersicht, ob Sie auch alle Linien und Markierungen abgepaust haben.

Schnittübersicht
Roter Schnitt
auf Schnittbogen A
Schnitteile 1 bis 8

Gr. 36
Gr. 38
Gr. 40
Gr. 42
Gr. 44

Schnitteile vom Bogen abpausen. Die unterschiedlichen Saumlinien für A, B und C beachten.

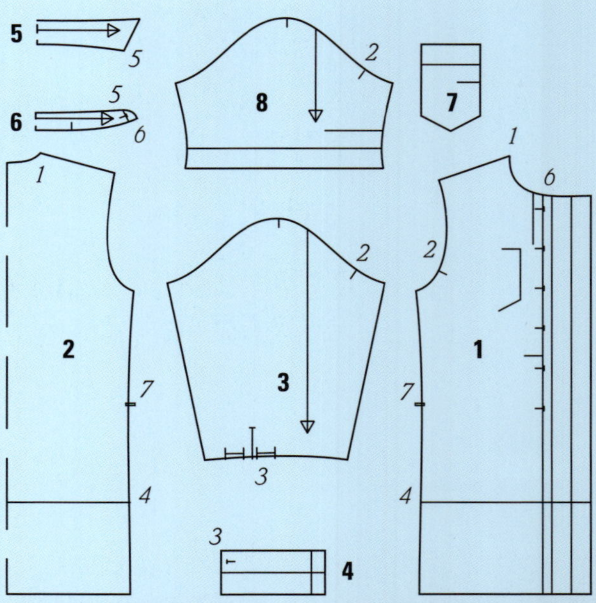

Zuschneiden

Den Stoff der Länge nach falten; die rechte Stoffseite ist innen. Die Zuschneidepläne auf dieser und der nächsten Seite zeigen, wie Sie die Schnitteile auf den Stoff legen. Achten Sie dabei darauf, daß der in den Schnittteilen eingezeichnete Fadenlauf parallel zu den Webkanten des Stoffes verläuft (siehe auch Seite 25).

Naht- und Saumzugaben:
Rings um die Papierschnitteile *1,5 cm* breite Naht- und Saumzugaben mit Lineal und Schneiderkreide auf den Stoff zeichnen. Teile an diesen Linien ausschneiden.

Langarmbluse

1 Vorderteil 2mal
2 Rückenteil 1mal im Stoffbruch
3 Ärmel 2mal
4 Manschette 2mal
5 Kragen 2mal im Stoffbruch
6 Kragensteg 2mal im Stoffbruch
7 Tasche 1mal
a 2 Einfaßschrägstreifen für Ärmelschlitze, je 17 cm lang, 3 cm breit.
Wie Sie die Schrägstreifen zuschneiden, finden Sie auf Seite 27.

Zuschneidepläne bei 150 cm Stoffbreite

A Langarmbluse, Größen 36 und 38

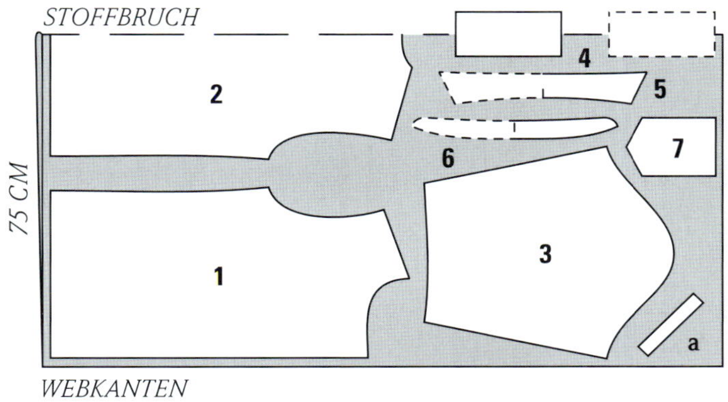

A Langarmbluse, Größen 40 bis 44

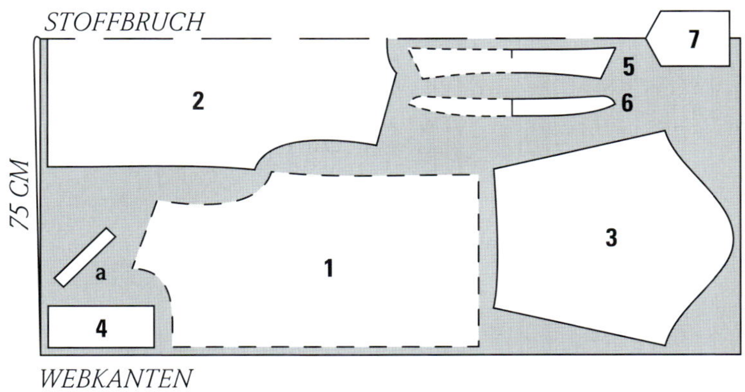

Tip

Sie können sich das Zuschneiden der Kragenteile erleichtern, wenn Sie die Schnitteile 5 und 6 noch ein zweites Mal vom Schnittbogen abzeichnen. Liegen die Kragenteile im Zuschneideplan nicht am Stoffbruch, kleben Sie die Schnitteile Mitte an Mitte treffend aneinander.

Bluse

Zuschneidepläne
bei 150 cm Stoffbreite
B Kurzarmbluse,
Größen 36 bis 42

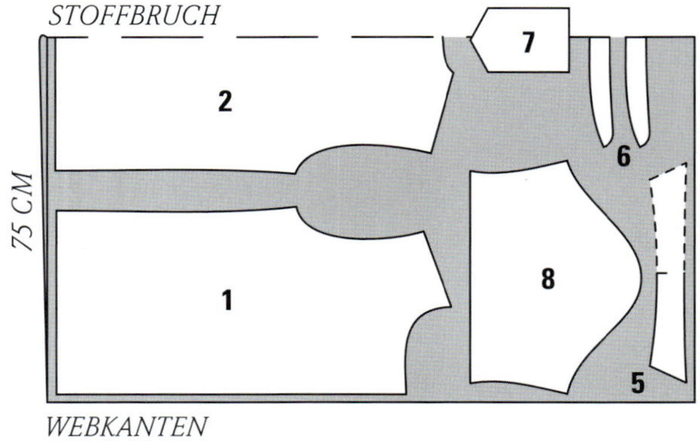

Kurzarmbluse

1 Vorderteil 2mal
2 Rückenteil 1mal im Stoffbruch
5 Kragen 2mal im Stoffbruch
6 Kragensteg 2mal im Stoffbruch
7 Tasche 1mal
8 Ärmel 2mal

B Kurzarmbluse,
Größe 44

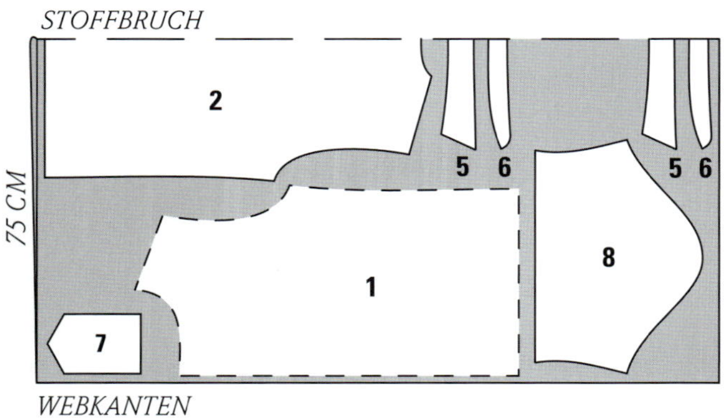

C Longbluse,
Größen 36 bis 42

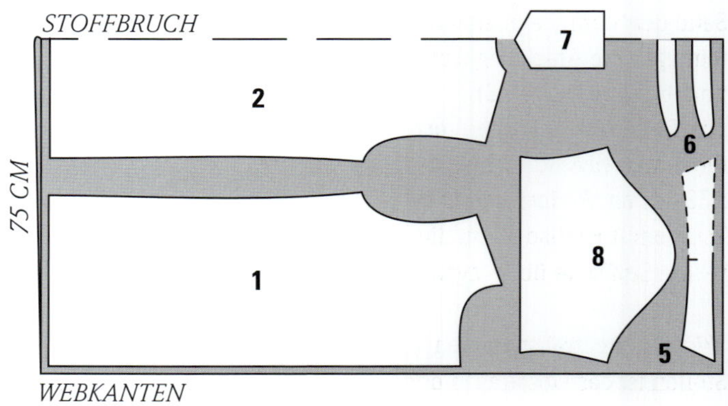

C Longbluse,
Größe 44

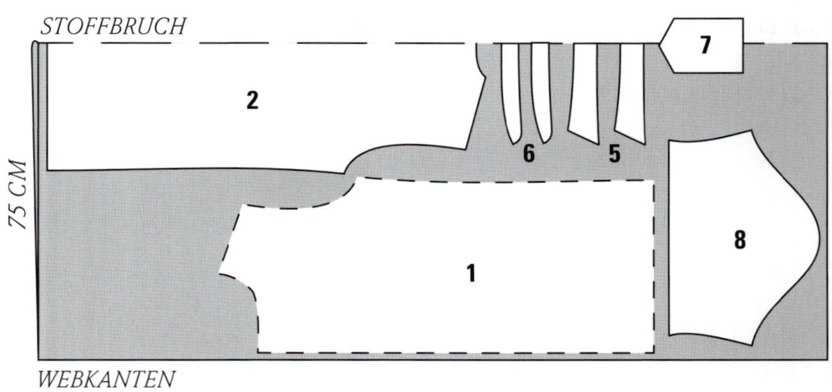

Nähen

Einlage
nach den Teilen 5 und 6 je 1mal im Stoffbruch ringsum mit 1,5 cm Nahtzugabe zuschneiden. Einlageteile auf die linke Seite der entsprechenden Stoffteile bügeln bzw. bei Chiffon festheften.
Die Papierschnitteile noch einmal auf die rechte Seite der Kragenteile stecken.

An allen Teilen die Schnittkonturen (Naht- und Saumlinien) und die in den Schnitteilen eingezeichneten Linien und Markierungen mit Kopierrädchen und Kopierpapier auf die linke Seite der Stoffteile übertragen (eine genaue Anleitung dazu finden Sie auf Seite 28).
Die Taschenanstoßlinien sowie die Linien UMBRUCH bzw. BESATZ an Vorderteilen und Tasche mit Heftfaden auf die rechte Stoffseite übertragen.

Wichtig: Bei transparenten Stoffen ist das Übertragen der Schnittkonturen mit Kopierpapier nicht möglich. Die Markierungen wären auf der rechten Seite sichtbar. Sie kommen dann leider um das etwas zeitaufwendigere „Durchschlagen“ nicht herum (siehe Seite 29).

Die vorderen Kanten
Die vorderen Kanten an der markierten Umbruchlinie nach innen umheften. Bügeln.
Dann die Kanten an der Linie BESATZ nach innen umheften (1). Kanten bügeln.

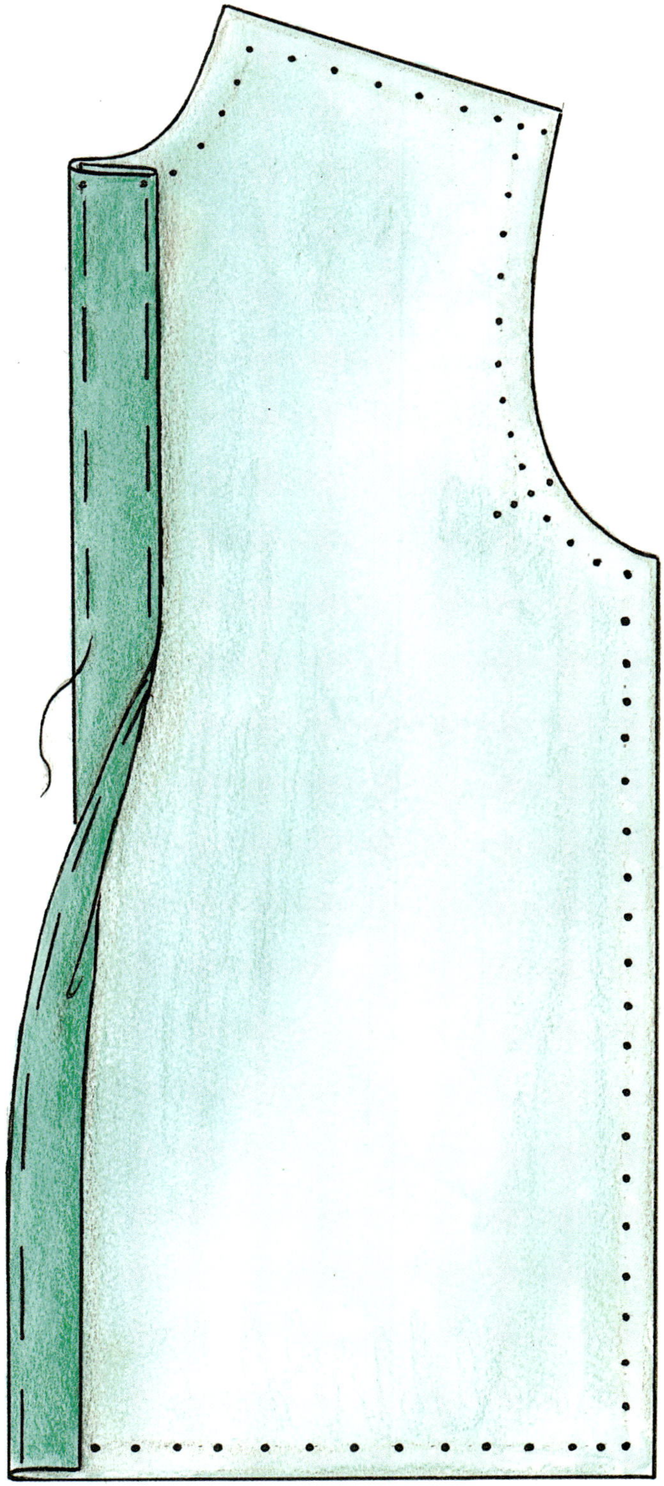

1

Bluse

Die Tasche

Die Zugaben der seitlichen Kanten und der unteren Kante versäubern. An der oberen Kante den Besatz nach innen umheften. Die Nahtzugabe der unteren Besatzkante einschlagen und feststecken. Bügeln. Von der rechten Taschenseite aus die obere Kante 4 cm breit absteppen (2).

Die Zugaben der restlichen Taschenkanten nach innen umheften: zuerst an der unteren Kante, dann an den seitlichen Kanten (3).

Bügeln. Tasche an die Anstoßlinie treffend auf das linke Vorderteil stecken, schmal und 1/2 cm breit feststeppen (4).

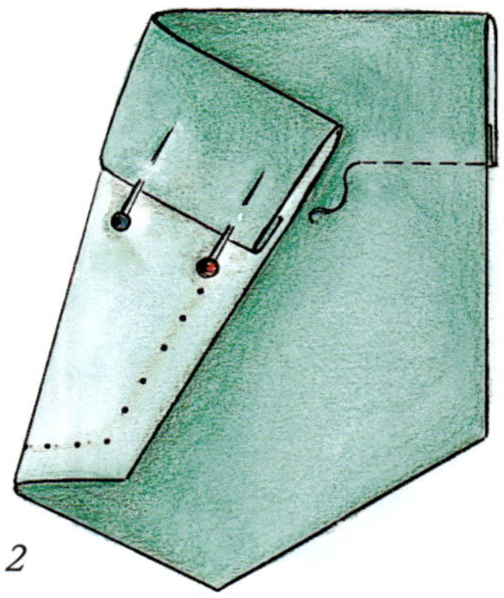

2

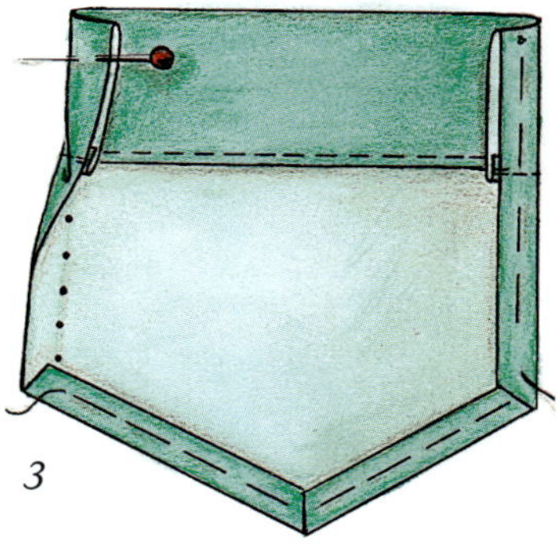

3

Die Schulternähte

Die Vorderteile rechts auf rechts auf das Rückenteil legen, Schulternähte stecken. Steppen (5). Nahtanfang und -ende sichern. Die Nahtzugaben versäubern und auseinanderbügeln (siehe auch Seite 34, Zeichnungen 9 und 9a).

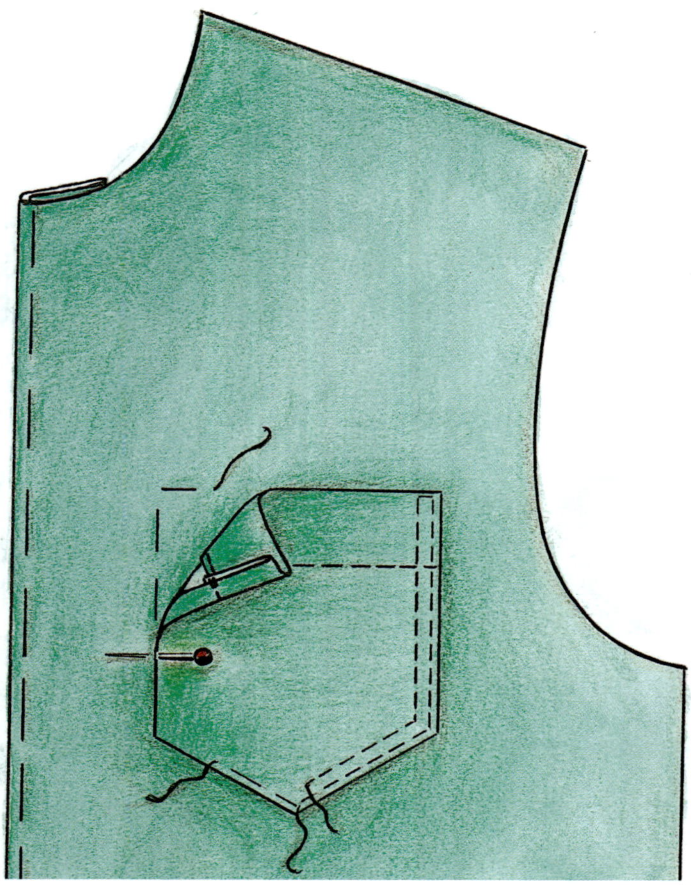

4

5

Der Hemdblusenkragen

Damit die Kragenecken nicht nach oben stehen, benötigt der Oberkragen etwas Mehrweite. Dazu zunächst die Kragenteile rechts auf rechts aufeinanderlegen, die Nahtlinien der Ansatzkanten aufeinanderstecken (6).

Den Unterkragen (= Kragenteil mit Einlage) gewölbt halten und die Kragenaußenkanten bis ca. 5 cm vor die Ecken aufeinanderstecken (7). Die Nahtlinien treffen nicht mehr aufeinander!

Dann die Kragenecken gewölbt halten und die restlichen Kragenkanten aufeinanderstecken (8).

Die Kragenteile vom Unterkragen aus entlang der markierten Nahtlinie aufeinandersteppen. Entlang der Naht die Nahtzugaben schmal zurückschneiden, an den Ecken schräg abschneiden (9).

Den Kragen wenden, dabei die Ecken nicht von innen mit einem spitzen Gegenstand nach außen bohren, sondern vorsichtig von rechts mit einer Stecknadel nach außen ziehen (10).

Kanten heften, bügeln. Die Kragenansatzkanten aufeinanderheften. Die Kragenaußenkante schmal und 1/2 cm breit absteppen.

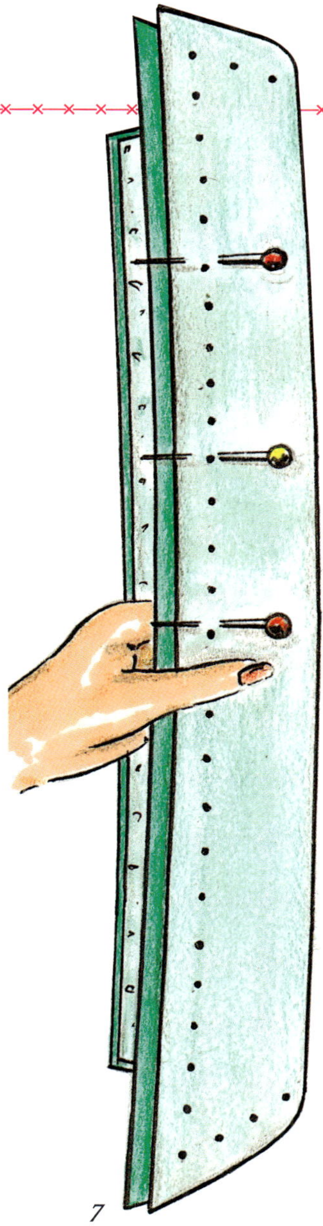

7

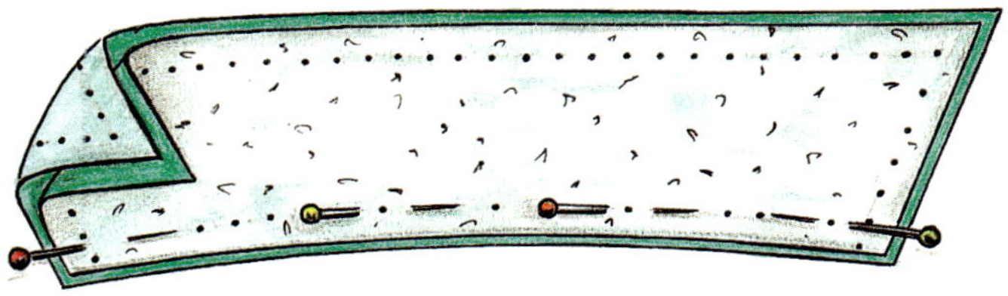

6

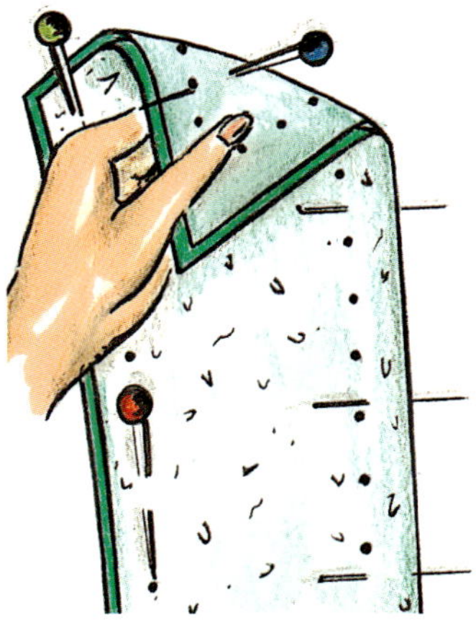

8

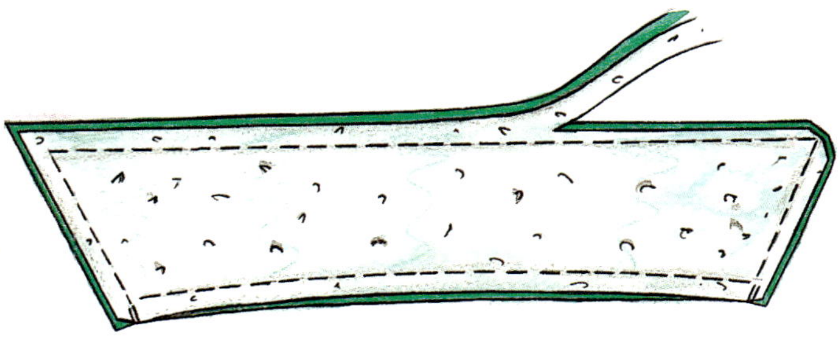

9

10

Bluse

Das verstärkte Kragenstegteil rechts auf rechts, von vorderer Mitte bis vordere Mitte, so auf den Kragen stecken, daß der Unterkragen oben liegt (11).

Am unverstärkten Stegteil die Zugabe der Ansatzkante nach innen umbügeln. Dieses Stegteil rechts auf rechts, über dem Kragen liegend, auf das verstärkte Stegteil stecken. Steppen. Die Nahtzugaben zurückschneiden, an den Rundungen einschneiden (12).

Den Kragensteg noch nicht wenden, sondern zuerst das unverstärkte Stegteil über die Ansatznaht legen, bügeln (13). Erst jetzt den Steg wenden und von der verstärkten Steghälfte aus bügeln.

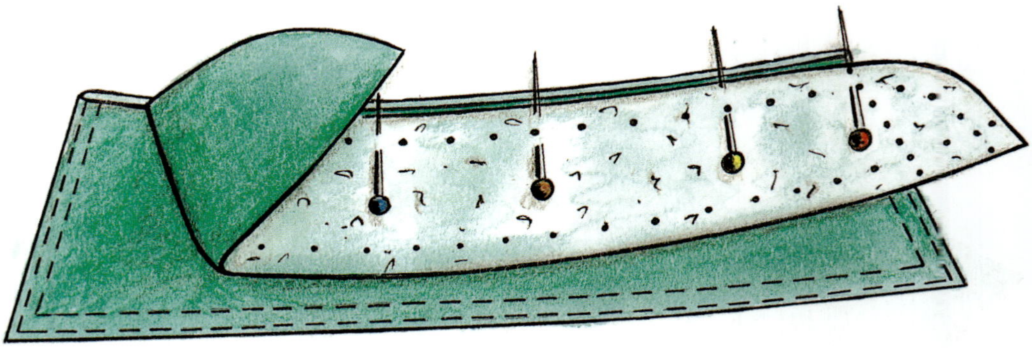

11

12

13

Den Kragen an den Halsausschnitt nähen
Das verstärkte Stegteil rechts auf rechts auf den Halsausschnitt stecken; Nahtlinien treffen aufeinander. Kragensteg festheften und -steppen. Die Nahtzugaben zurückschneiden, an den Rundungen einschneiden (14).

Die Nahtzugaben in den Steg bügeln. Das unverstärkte Stegteil an der Ansatznaht feststecken (15), evtl. heften. Von der rechten Blusenseite aus alle Stegkanten schmal absteppen, dabei die innere Steghälfte an der Ansatznaht feststeppen.

14

15

Bluse

Der Ärmelschlitz – Langarmbluse
Für den Schlitz die Ärmel jeweils an der markierten Linie EINSCHNITT einschneiden. Die Einschnittkanten auseinanderspreizen und rechts auf rechts schmal auf den Einfaßstreifen steppen. Dabei am Schlitzende (Einschnittende) so wenig Naht als möglich absteppen (16).

Die Nahtzugaben in den Einfaßstreifen bügeln. Die andere lange Kante vom Einfaßstreifen so umbügeln, daß der Abstand zwischen Bruchkante und Ansatznaht gleichmäßg 1,5 cm (= doppelte fertige Einfaßbreite) breit ist. Den Einfaßstreifen zur Hälfte nach innen falten und an der Ansatznaht feststecken (17).

Den Einfaßstreifen von Hand mit kleinen Stichen (Staffierstiche, siehe Seite 32) annähen.

Oder: Von der rechten Ärmelseite aus den Einfaßstreifen an der Ansatznaht schmal absteppen, dabei die innere Hälfte feststeppen.

An der vorderen Schlitzkante – das ist die Kante die weiter von der seitlichen Ärmelkante entfernt ist – den Einfaß nach innen legen und feststecken. An der rückwärtigen Schlitzkante steht der Einfaß als Untertritt vor. Von der rechten Seite aus die Falten der unteren Ärmelkante in Pfeilrichtung legen und feststecken (18).

Untere Ärmelkanten – Kurzarmbluse
Den Besatz der unteren Ärmelkanten an der Umbruchlinie nach innen umheften. Die Zugabe einschlagen, feststecken (19), bügeln. Von der rechten Ärmelseite aus die unteren Ärmelkanten 4 cm breit absteppen.

16

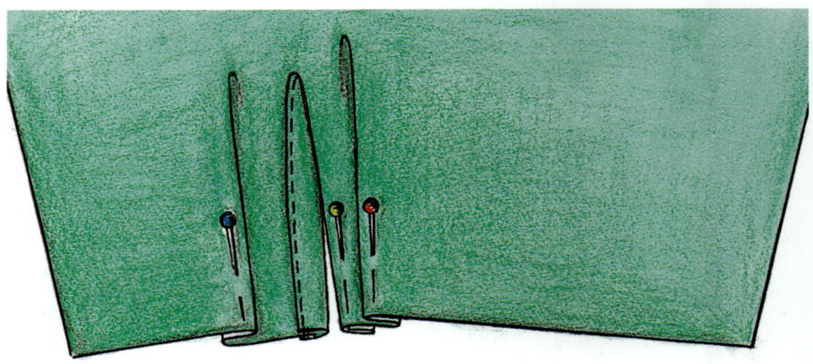
18

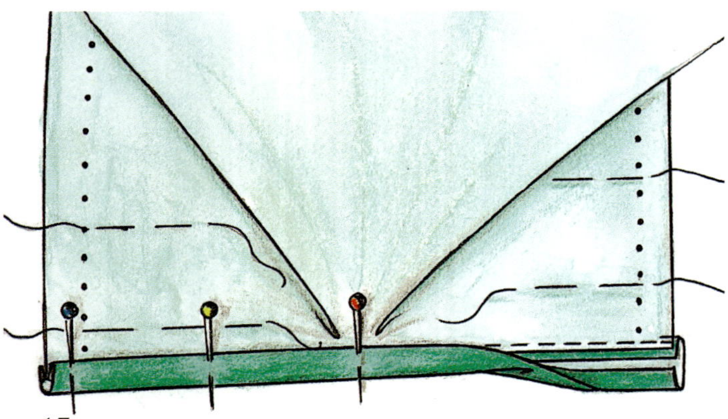
17

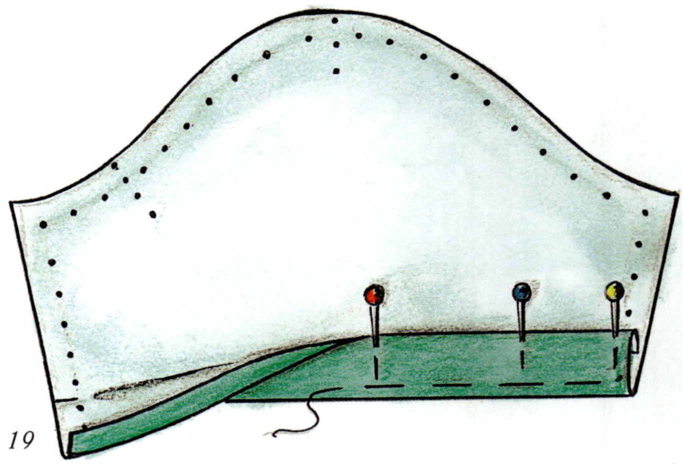
19

Die Ärmel ansetzen
Bei Hemdblusen mit flacher Ärmelkugel werden die Ärmel vor dem Steppen der Seiten- und Ärmelnähte angesetzt.
Die Ärmel rechts auf rechts auf die Armausschnitte stecken; die Nahtlinien sowie die Querstriche 2 von Ärmel und vorderen Armausschnitten treffen aufeinander. Der Querstrich der Ärmelkugeln trifft auf die Schulternähte. Die Ärmel auf die Armausschnitte heften und steppen (20).

Die Nahtzugaben auf 1 cm Breite zurückschneiden und zusammengefaßt versäubern. Die Nahtzugaben in die Vorderteile bzw. das Rückenteil bügeln, dabei die Bluse so auf die Bügelunterlage legen, daß der Armausschnitt flach liegt.

Die Seiten- und Ärmelnähte in einem Arbeitsgang steppen
Die Vorderteile rechts auf rechts auf das Rückenteil legen, die Ärmel längs falten. Die Seitennähte – bei der Longbluse ab dem Schlitzzeichen – und fortlaufend die Ärmelnähte stecken; Nahtlinien und Ärmelansatznähte treffen aufeinander. Steppen (21, die Zeichnung zeigt die Langarmbluse!). Die Nahtzugaben versäubern und auseinanderbügeln.

Bei den **kurzen Ärmeln** die Nahtzugaben an den unteren Ärmelkanten schräg einschlagen und von Hand festnähen.

Bei der **Langarmbluse** die Manschetten nähen, siehe Seite 75.

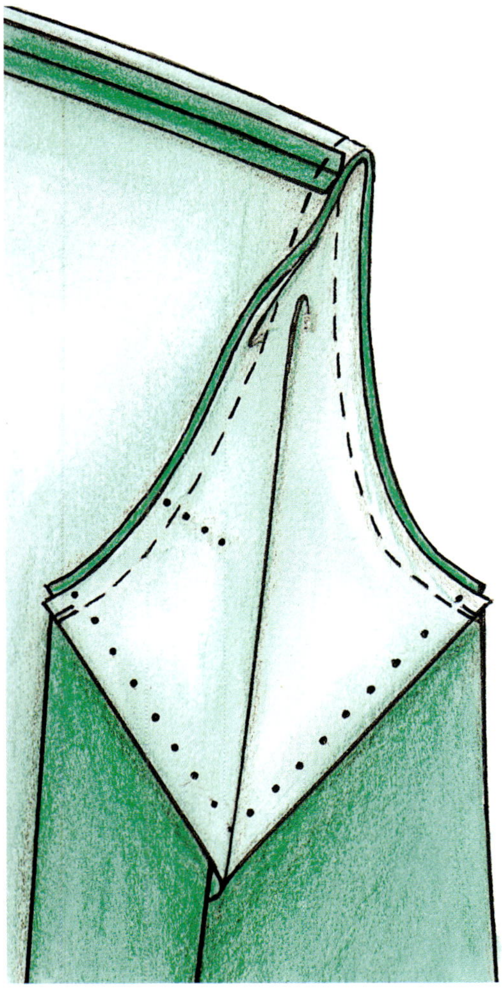

20

21

Bluse

Der Saum
Die Heftstiche an den vorderen Kanten trennen. Die Saumzugabe nach innen umheften und eingeschlagen festheften; fertige Breite 3⁄4 cm. Bügeln.
Die Saumzugabe schmal feststeppen (22).

Bei der **Longbluse** die Nahtzugaben an den Schlitzkanten genauso feststeppen.

Bei **allen Blusen** die Besätze wieder nach innen wenden, festheften. Von der rechten Blusenseite aus die Verschlußkanten schmal und 4 cm breit absteppen, dabei die Besatzinnenkanten feststeppen.

22

Die Knopflöcher
in die rechte Verschlußkante und in die vorderen Manschettenkanten einarbeiten (Näheres dazu finden Sie auf den Seiten 98 bis 100 sowie im Anleitungsheft Ihrer Nähmaschine).

Knöpfe an der linken Verschlußkante und den rückw. Manschettenkanten annähen (siehe Seite 103).

Alles über Chiffon

Nähen
Verwenden Sie zum Heften und Steppen feines Nähgarn (Maschinenstick- und -stopfgarn) und eine dünne Nadel. Achten Sie darauf, daß die Nadelspitze nicht defekt ist.

Steppen Sie mit kleiner Sticheinstellung (Stichlänge 1,5 bis 2 mm).

Nicht über Stecknadeln steppen, das kann bei diesen feinen Geweben Löcher ergeben.

Beim Steppen Seidenpapier unter den Stoff legen, denn auch der Transporteur der Nähmaschine kann das zarte Gewebe verletzen.

Bügeln
Bügeln Sie mit mäßig warmem Eisen – bei Dampfbügeleisen vorsichtshalber den Tank leeren, denn Chiffon kräuselt sich, wenn es mit Wasser in Berührung kommt.

Achten Sie darauf, daß die Bügeleisensohle keine Kratzer hat, damit können Sie diesen zarten Stoff verletzen. Falls die Sohle Ihres Bügeleisens nicht mehr ganz glatt ist, legen Sie Seidenpapier zwischen Stoff und Bügeleisen.

Pflege
Reinseidener Chiffon gehört in die Reinigung. Synthetische Fasern können gewaschen werden. Am besten nur von Hand, dabei nicht reiben oder rubbeln, sondern nur vorsichtig ausdrücken. Tropfnaß aufhängen, nicht schleudern!

Die Manschetten

Die Manschettenhälften mit Einlage rechts auf rechts auf die unteren Ärmelkanten stecken, dabei die Nahtzugaben der seitlichen Manschettenkanten an den Schlitzkanten überstehen lassen. Steppen. Die Nahtzugaben in die Manschetten bügeln. Die Zugabe der anderen langen Manschettenkanten nach innen umbügeln (23).

Die Manschetten an der Umbruchlinie falten, rechte Seite innen. Die schmalen Kanten aufeinandersteppen. Nahtzugaben zurückschneiden, an den Ecken schräg abschneiden (24).

Die Manschetten wenden. Kanten heften, bügeln. Die inneren Manschettenhälften an der Ansatznaht feststecken (25). Von der rechten Ärmelseite aus die Manschetten ringsum schmal absteppen, dabei die inneren Hälften an den Ansatznähten feststeppen.

Oder: Die inneren Manschettenhälften von Hand mit Staffierstichen (siehe Seite 32) an den Ansatznähten festnähen.

24

23

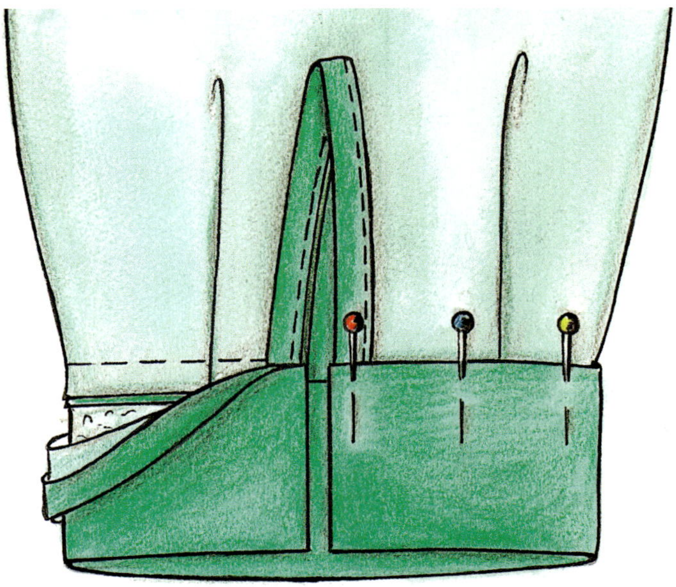

25

Cardigan, auch für Nähanfänger leicht

Keine Angst vor diesen Jacken!
Sie lassen sich prima realisieren und sind rund ums Jahr tragbar. Für den Sommer aus Leinen oder Leinenmischungen sind die Jacken ohne Futter und mit aufgesetzten Taschen schnell genäht. Der Bildernähkurs auf den Seiten 77 bis 91 zeigt jeden Arbeitsgang Schritt für Schritt.
Für kühlere Tage sind Wollstoffe oder Wollmischungen bestens geeignet. Allerdings sollte die Jacke dann gefüttert werden. Wie's gemacht wird, erklären wir auf den Seiten 86 bis 91.

A

B

Bildernähkurs zur Jacke

A: Langarm-Jacke
B: Kurzarm-Jacke
Die Verarbeitung der Jacken ist im wesentlichen gleich.

Rückw. Jackenlänge:
ca. 77 cm

Sie brauchen
A Langarm-Jacke:
150 cm breiten Stoff:
Gr. 36: 1,50 m
Gr. 38, 40: 1,55 m
Gr. 42, 44: 1,60 m
0,90 m aufbügelbare Vlieseline H 405, 60 cm breit.
3 Knöpfe.
Nähgarn.
1 Paar Schulterpolster.

Zum Abpausen der Schnitteile vom Bogen Seidenpapier oder Burda-Kopierfolie (beides beim Burda-Hobby-Service erhältlich).

B Kurzarm-Jacke:
150 cm breiten Stoff:
Gr. 36, 38, 40: 1,35 m
Gr. 42, 44: 1,50 m
Zutaten siehe A.

Der Schnitt
Für diese Jacken benötigen Sie 5 Schnitteile:

1 Vorderteil
Vorderer Besatz: Er ist in Teil 1 eingezeichnet und wird als Extrateil vom Schnitt abgezeichnet.
2 Rückenteil
3 Rückw. Besatz
4 Ärmel
5 Tasche

Die Schnitteile sind in Schwarz auf Bogen B.
Falten Sie den Schnittbogen auseinander. Die Nummern der Schnitteile stehen in Schwarz als Suchnummern am Bogenrand. In gerader Linie von der Suchnummer aus finden Sie das entsprechende Schnitteil auf dem Bogen. Jetzt können Sie die Schnitteile auf Seidenpapier oder auf Burda-Kopierfolie durchpausen.
In jedem Schnitt stecken 5 Größen. Achten Sie daher auf die Erkennungslinie Ihrer Größe. Wie diese Linie aussieht, sehen Sie bei der Schnittübersicht. Die Schnittübersicht ist die verkleinerte Darstellung der Schnitteile. Hier sehen Sie auch sofort, welche Linien und Markierungen Sie außerdem abzeichnen müssen.

Bevor Sie das Seidenpapier bzw. die Kopierfolie entfernen, vergleichen Sie Ihre Schnitteile mit der Schnittübersicht, ob Sie auch alle Linien und Markierungen abgepaust haben.

Wichtig: Die Knopflöcher gelten nur für Größe 36. Für die Größen 38 bis 44 müssen die Knopflöcher neu eingezeichnet werden: das obere Knopfloch im gleichen Abstand zur Ausschnittkante wie für Größe 36. Das untere Knopfloch gilt für alle Größen. Das dritte Knopfloch genau in der Mitte.

Schnittübersicht
Schwarzer Schnitt auf Schnittbogen B
Schnitteile 1 bis 5
Gr. 36 -◇-◇-◇-◇-
Gr. 38 – – – – –
Gr. 40 —— — —— —
Gr. 42 ---------
Gr. 44 ————

Schnitteile vom Bogen abpausen. An Teil 4 die unterschiedlichen Saumlinien für A und B beachten.

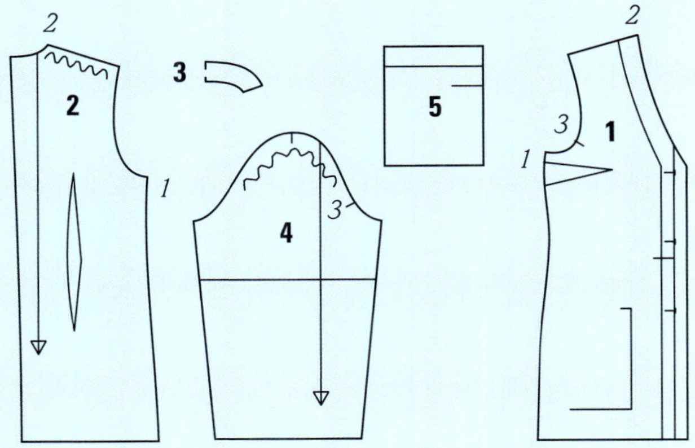

Jacke

Zuschneiden
Den Stoff der Länge nach falten, rechte Seite innen. Die Zuschneidepläne zeigen, wie Sie die Schnitteile auf den Stoff legen. Achten Sie dabei darauf, daß der in den Schnitteilen eingezeichnete Fadenlauf parallel zu den Webkanten des Stoffes verläuft (siehe auch Seite 25).

Naht- und Saumzugaben: Rings um die Papierschnitteile die Naht- und Saumzugaben mit Lineal und Schneiderkreide auf den Stoff zeichnen (siehe auch Seite 27): *5 cm* für Saum und Ärmelsäume, *1,5 cm* an allen anderen Kanten und Nähten. Teile an diesen Linien ausschneiden.

1 Vorderteil 2mal
Vorderer Besatz 2mal
2 Rückenteil 2mal
3 Rückw. Besatz 1mal im Stoffbruch
4 Ärmel 2mal
5 Tasche 2mal

Einlage
Für den vorderen Besatz 2mal, nach Teil 3 1mal im Stoffbruch ringsum mit 1,5 cm Nahtzugabe zuschneiden. Zusätzlich für die oberen Taschenkanten 2 Einlagestreifen in Besatzbreite zuschneiden.

Wichtig: Vlieseline-Einlagen sind in Querrichtung leicht dehnbar und in Längsrichtung stabil. Schneiden Sie daher die Einlage für die vorderen Besätze und den rückwärtigen Be-

Zuschneidepläne bei 150 cm Stoffbreite

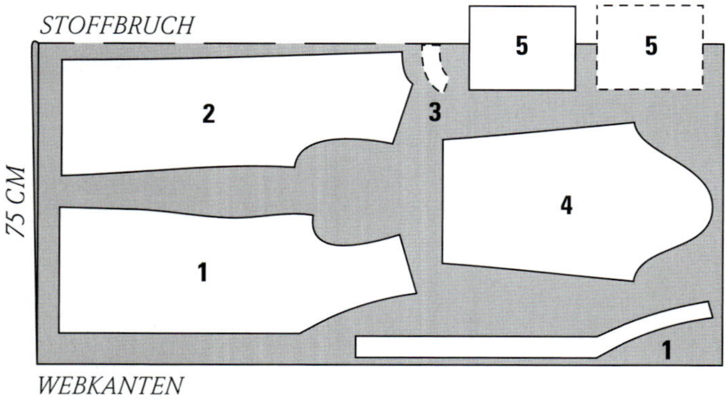

◀*A*
Größen 36 bis 44

B
Größen 36 bis 40
▼

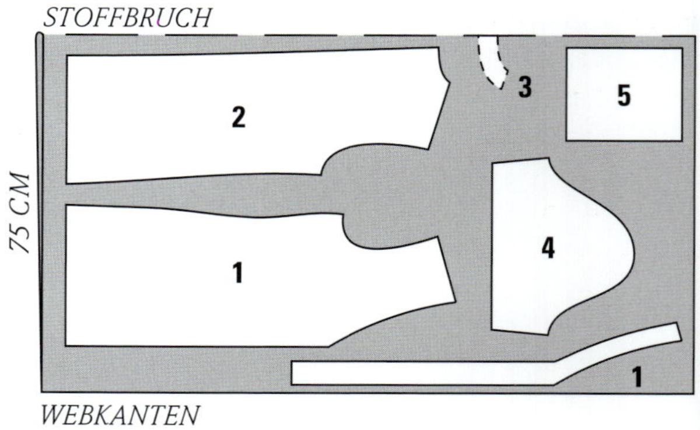

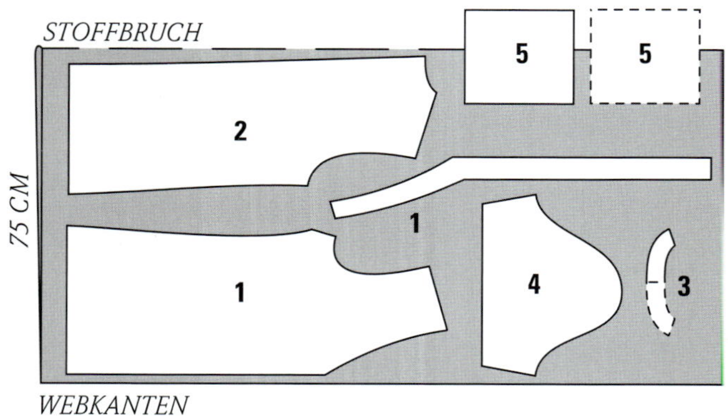

◀*B*
Größen 42 und 44

Nähen

satz im gleichen Fadenlauf wie die Stoffteile zu. Für die obere Taschenkante schneiden Sie die Einlage im „Querfadenlauf“ zu.

Die Einlageteile auf die linke Seite der entsprechenden Stoffteile bügeln.
Die Stoffteile wieder rechts auf rechts aufeinanderlegen, die Papierschnitteile noch einmal feststecken.

An allen Teilen die Schnittkonturen (Naht- und Saumlinien) und die in den Schnitteilen eingezeichneten Linien mit Kopierrädchen und Kopierpapier auf die linke Seite der Stoffteile übertragen (siehe Seite 28).

Die vordere Mitte, die Taschenanstoßlinien, an den Taschen die Linie BESATZ mit Heftfaden auf die rechte Stoffseite übertragen.

Die Brustabnäher

Die Vorderteile jeweils so falten, daß die Abnäherlinien aufeinandertreffen; rechte Stoffseite innen. Abnäherlinien aufeinanderstecken. Steppen, dabei an der seitlichen Kante beginnen. Nahtanfang durch Rückstiche sichern. Damit an der Abnäherspitze keine unschöne Tüte entsteht die Naht möglichst flach auslaufen lassen. Fadenenden verknoten (1).

Abnähertiefe zur unteren Kante bügeln (2).

1

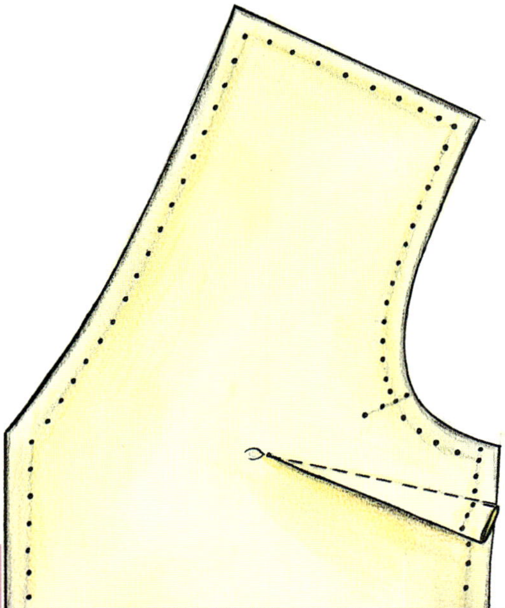

2

Jacke

Rückwärtige Abnäher
Die Rückenteile jeweils so falten, daß die Abnäherlinien aufeinandertreffen, rechte Stoffseite innen. Abnäherlinien aufeinanderstecken. Steppen, dabei jeweils in der Abnähermitte beginnen und zur Spitze steppen. Fadenenden an den Abnäherspitzen verknoten. Da diese Abnäher an der Bruchkante etwas kürzer sind als an der Stepplinie, werden sie in der Abnähermitte bis ca. 1/2 cm vor die Stepplinie eingeschnitten (3). Abnäher zur rückwärtigen Mitte bügeln.

Rückwärtige Mittelnaht
Die Rückenteile rechts auf rechts aufeinanderlegen, die Mittelnaht stecken; Nahtlinien treffen aufeinander. Steppen. Nahtanfang und -ende sichern (4).
Nahtzugaben versäubern (Seite 37) und auseinanderbügeln (Seite 34).

Die Schulternähte
Die Vorderteile rechts auf rechts auf das Rückenteil legen, die Schulternähte stecken, dabei das Rückenteil einhalten. Steppen (5).
Die Nahtzugaben versäubern und auseinanderbügeln.
Die vorderen Besätze rechts auf rechts auf den rückwärtigen Besatz legen, die Schulternähte stecken. Steppen (6).
Die Nahtzugaben auseinanderbügeln. Die Besatzinnenkante mit Zickzackstichen versäubern.

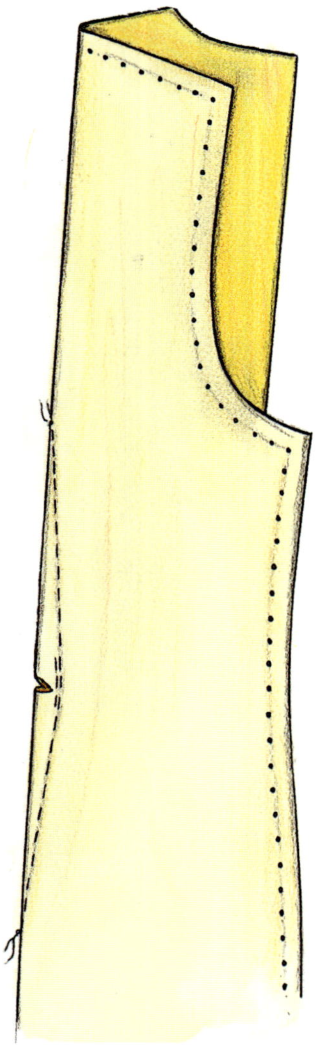
3

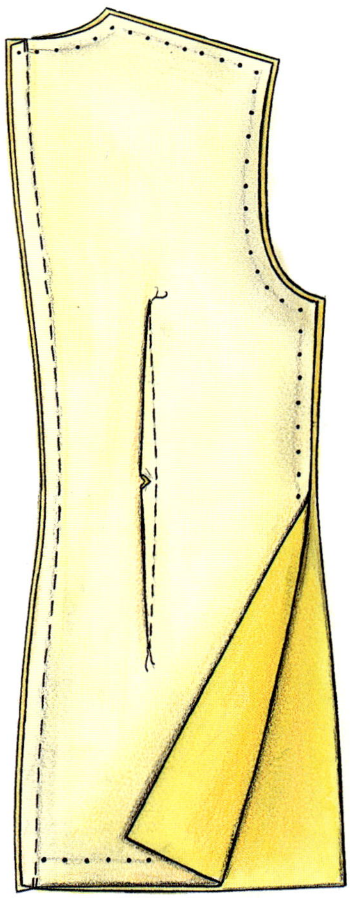
4

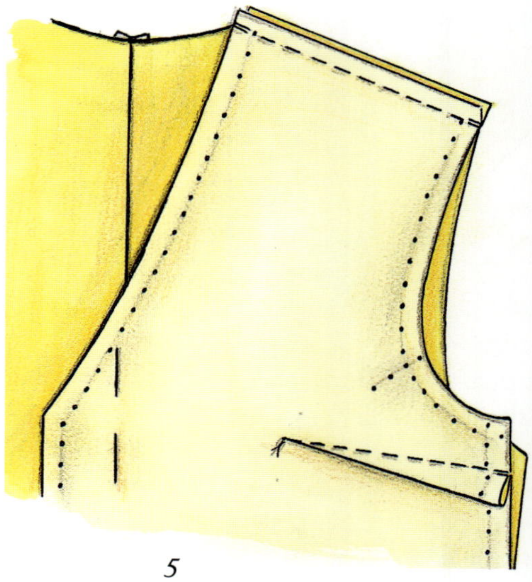
5

6

Die Ausschnitt- und Verschlußkanten mit dem Besatz verstürzen
Den Besatz rechts auf rechts auf die vorderen Kanten und die Ausschnittkanten stecken; Schulternähte und Nahtlinien treffen aufeinander. Steppen. Die Nahtzugaben zurückschneiden, an den Rundungen einschneiden, an den Ecken schräg abschneiden (7).

Den Besatz nach innen wenden. Kanten – von der Besatzseite aus – so heften, daß die Naht dicht neben dem Bruch zu sehen ist (siehe auch Zeichnung 8). Kanten bügeln.

Die Seitennähte
Die Vorderteile rechts auf rechts auf das Rückenteil legen, Seitennähte stecken; Nahtlinien treffen aufeinander. Steppen. Nahtanfang und -ende sichern (8). Nahtzugaben versäubern und auseinanderbügeln.

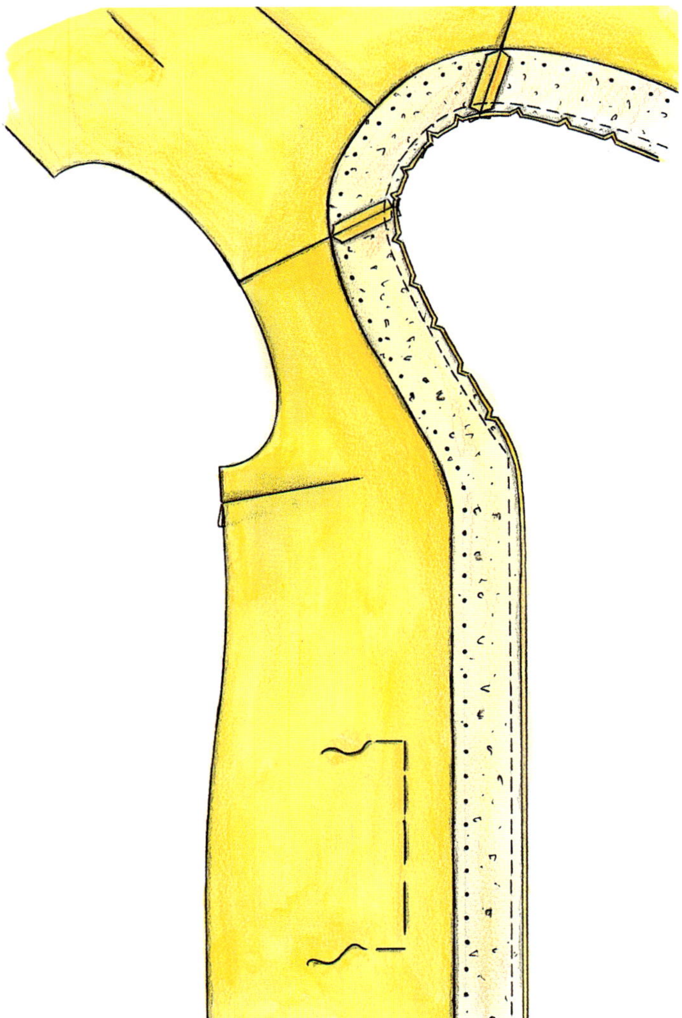

7

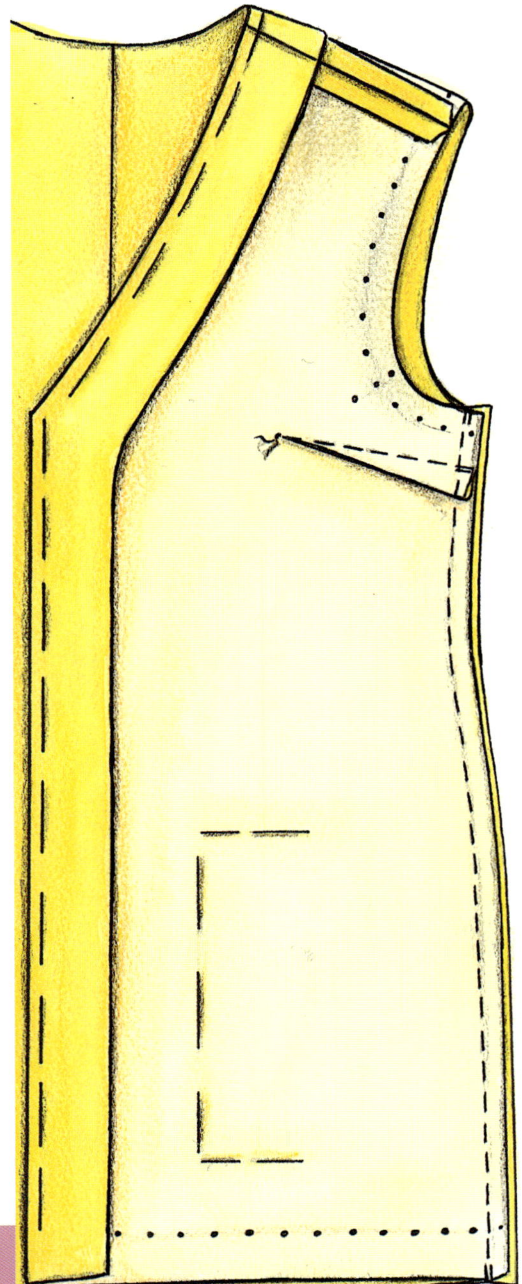

8

Jacke

Die Ärmel

Zum Einhalten der Ärmelkugel von ○ bis ○ zu beiden Seiten der markierten Nahtlinie mit großen Stichen steppen (9). Ärmel längs zur Hälfte falten, rechte Seite innen. Ärmelnaht stecken. Steppen, dabei ab der markierten Saumlinie bis zur unteren Kante schräg nach außen steppen. Nahtanfang und -ende sichern (10). Nahtzugaben versäubern, auseinanderbügeln.

Ärmelsaum

Saumzugabe versäubern, nach innen umheften. Bügeln. Saumzugabe von Hand locker annähen (siehe Seite 85 Zeichnung 19).

10

Ärmel einsetzen

Ärmel rechts auf rechts auf den Armausschnitt stecken, dabei zunächst nur die Ärmeleinsetzzeichen (Querstriche 3) von Ärmel und vorderem Armausschnitt sowie Ärmel- und Seitennaht aufeinanderstecken. Den Ärmel im unteren Bereich des Armausschnittes glatt feststecken, das heißt, weder Ärmel noch Armausschnitt dürfen eingehalten werden (11).

Dann das Schulterzeichen (Querstrich) der Ärmelkugel an der Schulternaht feststecken. Erst jetzt die Unterfäden der Stepplinien so weit anziehen, bis die Ärmelkugel in den Armausschnitt paßt. Die eingehaltene Weite verteilen, dabei dürfen keine Fältchen entstehen. Ärmel feststecken (12) und von der Ärmelseite aus einheften (13).

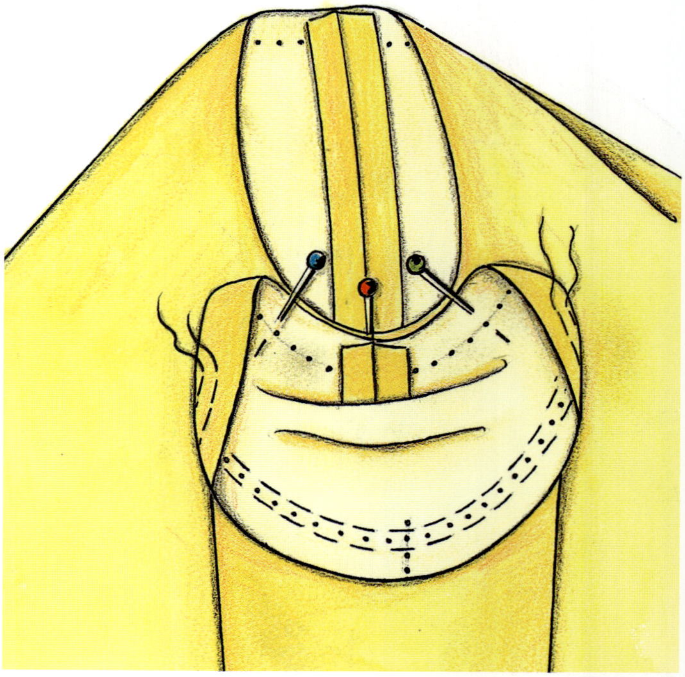

11

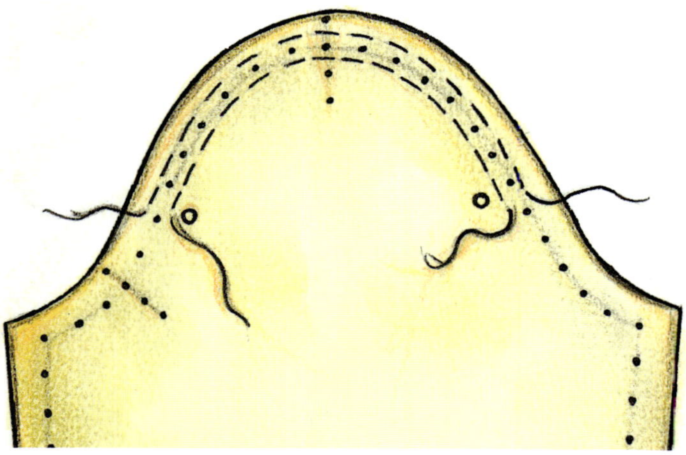

9

Die Jacke – mit Schulterpolstern – anziehen und den Ärmelsitz kontrollieren.

Den Ärmel von der Ärmelseite aus einsteppen (14), dabei an der Ärmelnaht beginnen. Damit sich der Heftfaden gut entfernen läßt, dicht neben den Heftstichen steppen.

Wichtig: Um Fältchenbildung bei der Einhaltweite zu vermeiden, den Armausschnitt nicht dehnen, sondern die Weite mit beiden Händen seitlich, zur Stoffkante bzw. in den Ärmel, glattziehen (15).

Die Nahtzugaben auf 1 cm Breite zurückschneiden und zusammengefaßt versäubern. Die Ärmeleinsetznaht weder in den Ärmel noch in das Vorder- und Rückenteil bügeln, sondern nur vorsichtig vom Ärmel aus bügeln (16), dabei wird die Einhaltweite eingebügelt.

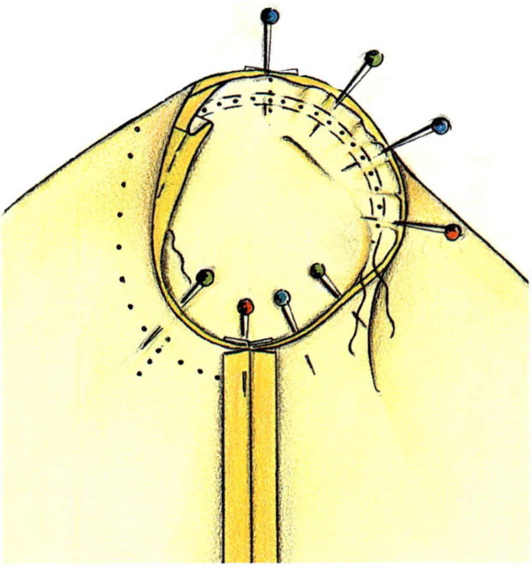

12

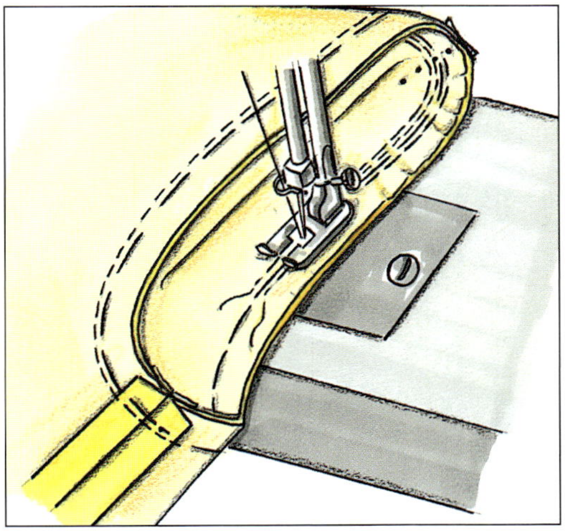

14

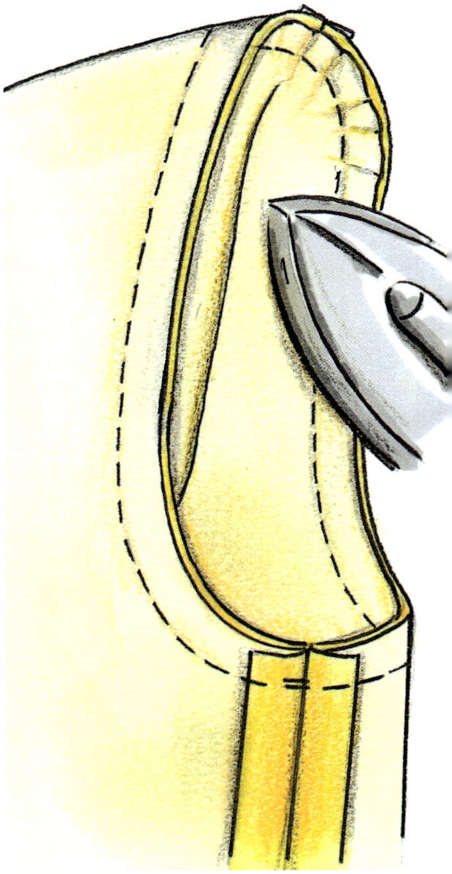

16

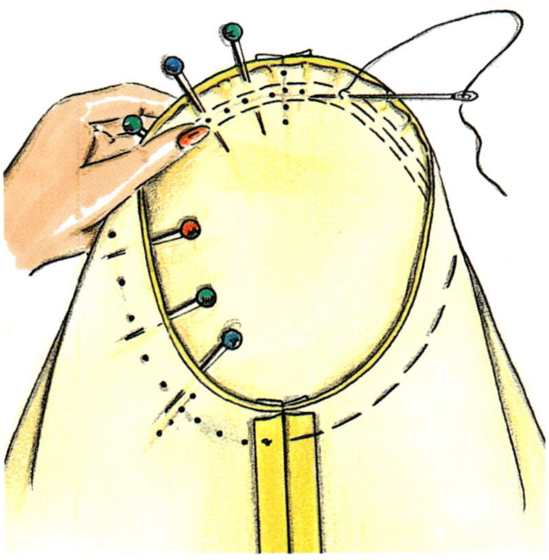

13

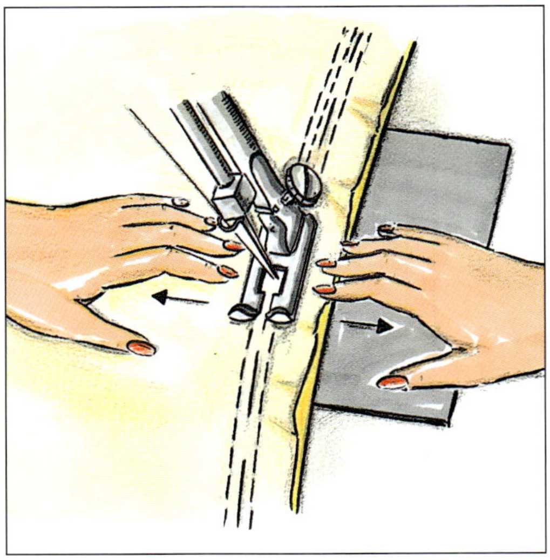

15

Jacke

Schulterpolster beziehen
Schulterpolster gibt es im Fachhandel meistens nur in Weiß und Schwarz. Das sieht bei einer andersfarbigen, ungefütterten Jacke nicht besonders schön aus. Edler wird`s, wenn Sie die Polster mit einem Stoffrest oder farblich abgestimmten Futterrest beziehen.

So wird's gemacht:
Stoff- bzw. Futterrest zur Hälfte falten, linke Seite innen. Die Polster jeweils so auf den gefalteten Stoff legen, daß die gerade Kante auf dem Stoffbruch liegt. Stoff ca. 3 cm neben den Polsterkanten abschneiden. Dann die Polster jeweils so in die Stoffteile schieben, daß die gerade Kante im „Stoffbruch" liegt. Stoff bzw. Futter auf den Polstern feststecken (A). Dicht neben der Polsterkante mit Zickzackstichen steppen. Den überstehenden Stoff vorsichtig dicht neben den Stichen abschneiden (B).

Die Schulterpolster einnähen
Die Jacke anziehen und die Schulterpolster so in die Jacke schieben, daß die Polsterkante ca. 1 cm in den Ärmel ragt. Die Schulterpolster von außen an der Schulternaht feststecken (17).

Schulterpolster auf den Nahtzugaben der Schulternähte festnähen. Die Enden der Polster mit kleinen Fadenstegen auf der Zugabe der Ärmeleinsetznaht befestigen (18).

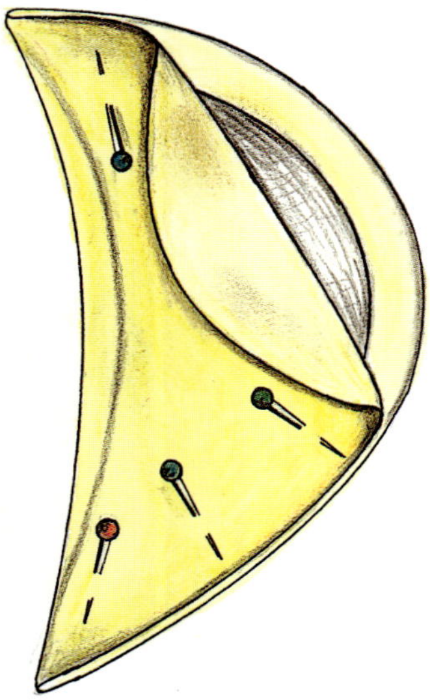
A

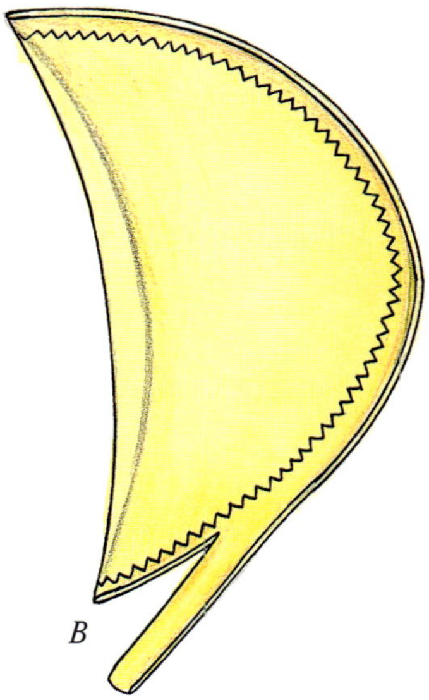
B

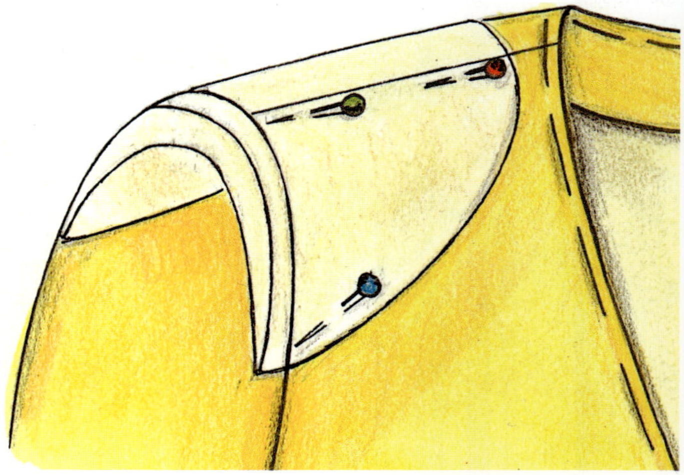
17

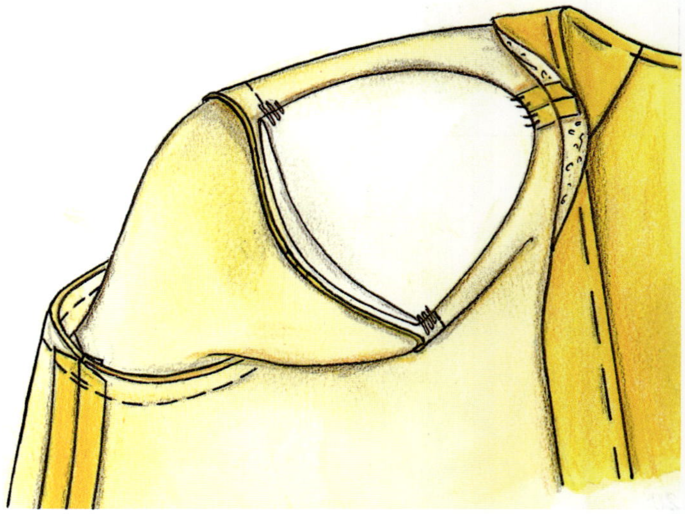
18

Tip

Schnell und einfach lassen sich Schulterpolster vor der Wäsche herausnehmen, wenn Sie sie nicht einnähen, sondern mit Klettband befestigen.

Der Saum
Heftstiche an den vorderen Kanten trennen. Saumzugabe versäubern und nach innen umheften. Bügeln. Saumzugabe von Hand locker annähen (19). Besatz nach innen wenden, auf der Saumzugabe feststecken und von Hand annähen (20).

Vordere Kanten und fortlaufend die Ausschnittkanten schmal absteppen.

Die Taschen
Zugaben der Taschen ringsum versäubern. Den Besatz der oberen Kante nach innen umheften. Bügeln. Von der rechten Seite aus die obere Taschenkante 4 cm breit absteppen (21).

Zugaben der Taschenkanten nach innen umheften: zuerst an der unteren Kante, dann an den seitlichen Kanten (22). Bügeln.

Die Taschen an die markierten Anstoßlinien treffend auf die Jacke stecken, evtl. festheften. Taschen schmal feststeppen. Damit die oberen Taschenecken nicht abreißen, am Nahtanfang bzw. -ende ein kleines Dreieck steppen (23).

Die Knopflöcher
in die rechte Verschlußkante einarbeiten. Die Knopflöcher beginnen 2 mm vor der vorderen Mitte. Die Knopflochlänge = Knopfdurchmesser plus Knopfhöhe. Näheres zum Nähen von Knopflöchern finden Sie auf den Seiten 98 bis 100 sowie im Anleitungsteil Ihrer Nähmaschine.

Knöpfe annähen
Das rechte Vorderteil Mitte auf Mitte treffend auf das linke Vorderteil stecken. Jeweils am vorderen Knopflochende eine Stecknadel senkrecht in die darunterliegende Verschlußkante (= Untertritt) stecken. Die Verschlußkante mit den Knopflöchern (= Übertritt) vorsichtig über die Stecknadeln heben. Die Stecknadeln im Untertritt feststecken. Jeweils der Einstich der Nadel ist die Knopfannähstelle (24). Wie Sie die Knöpfe annähen, finden Sie auf Seite 103.

21

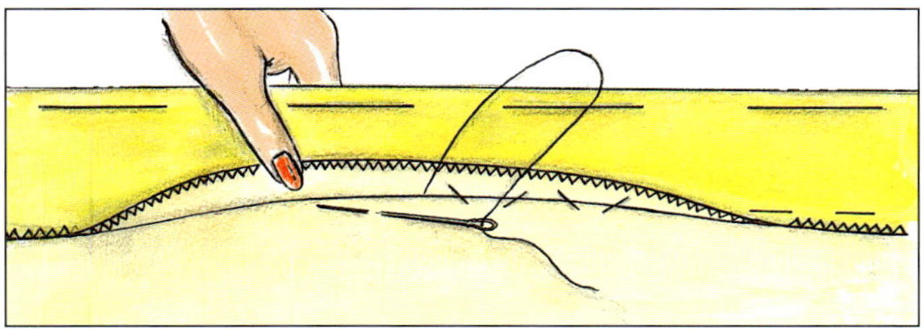
19

22

20

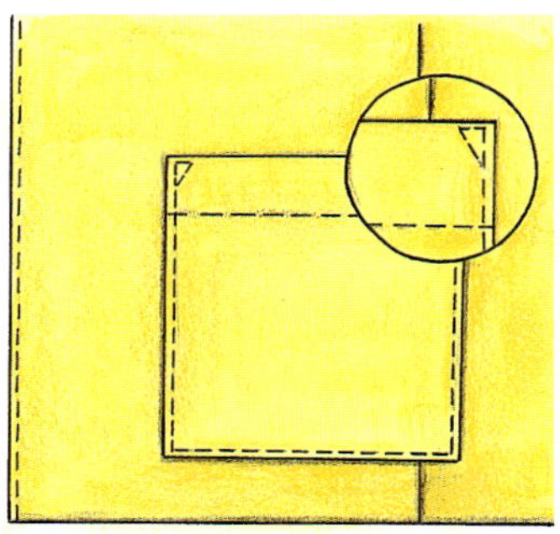
23

24

Jacke füttern – die Konfektionsmethode

Hier zeigen wir Ihnen, wie Sie das Futter mit der Maschine in Jacken einnähen können. Voraussetzungen für diese Methode sind: Die Jacke hat eine Saumzugabe – auch an Besätzen und Ärmeln – von 4,5 bis 5 cm; der rückwärtige Halsausschnitt hat einen Besatz, die Jacke ist fertiggenäht, nur Saum- und Ärmelsaum sind umgebügelt, aber noch nicht angenäht.

Die Papierschnitteile vorbereiten

Für das Futter werden die gleichen Schnitteile verwendet wie für die Stoffteile, jedoch abzüglich Besatzbreite.
Ist am Papierschnitteil der Besatz eingezeichnet, so wie am Vorderteil, können Sie das Schnitteil an der Linie BESATZ auseinanderschneiden (die Besatzlinie = Futterlinie).
An Rückenteil und Tasche müssen Sie die Futterlinie in den Schnitt einzeichnen: Den rückw. Besatz auf den Halsausschnitt legen, an der Tasche den Besatz nach außen falten. Die Besatzkante auf das Rückenteil und die Tasche zeichnen (= Futterlinie). Die Schnitteile an den Futterlinien abschneiden (1).

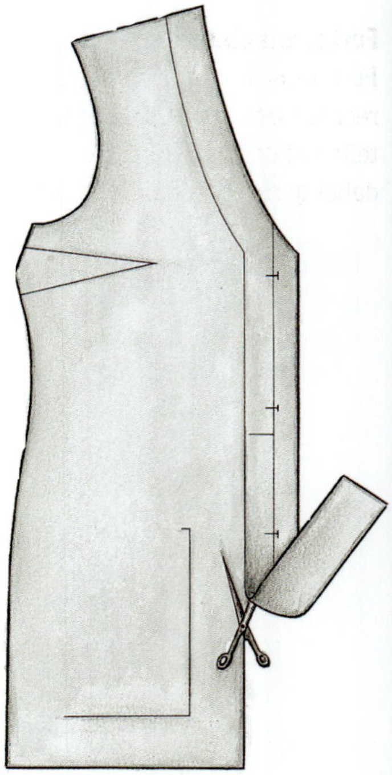

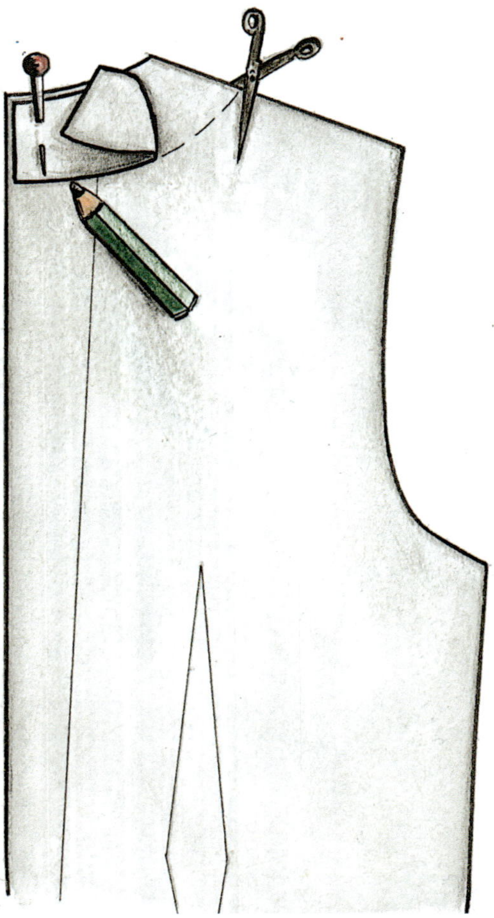

Futter zuschneiden
Futter der Länge nach falten, rechte Seite innen. Die Schnittteile auf das Futter stecken, dabei den Fadenlauf beachten.

Naht- und Saumzugaben: Rings um die Papierschnitteile die Naht- und Saumzugaben auf das Futter zeichnen: für die Bewegungsfalte in der rückw. Mitte *3 cm*, für Säume an Ärmeln und Rückenteil *2,5 cm,* an den Vorderteilen vorne *5 cm* (= die gleiche Zugabe wie an Stoffvorderteil bzw. Besatz), an der Seitennaht *2,5 cm* – Saumzugabe zur Seitennaht hin als flach verlaufenden Bogen anzeichnen. *1,5 cm* an allen anderen Kanten und Nähten (2).

Die Futterteile an diesen Linien ausschneiden.

1 Vorderteil 2mal (abzüglich Besatzbreite)
2 Rückenteil 2mal (abzüglich Besatzbreite)
4 Ärmel 2mal
5 Tasche 2mal (abzüglich Besatzbreite)

Die Schnittkonturen (Naht- und Saumlinien) und die in den Schnitteilen eingezeichneten Linien mit Kopierrädchen und Kopierpapier auf die linke Seite der Futterteile übertragen (siehe Seite 28).

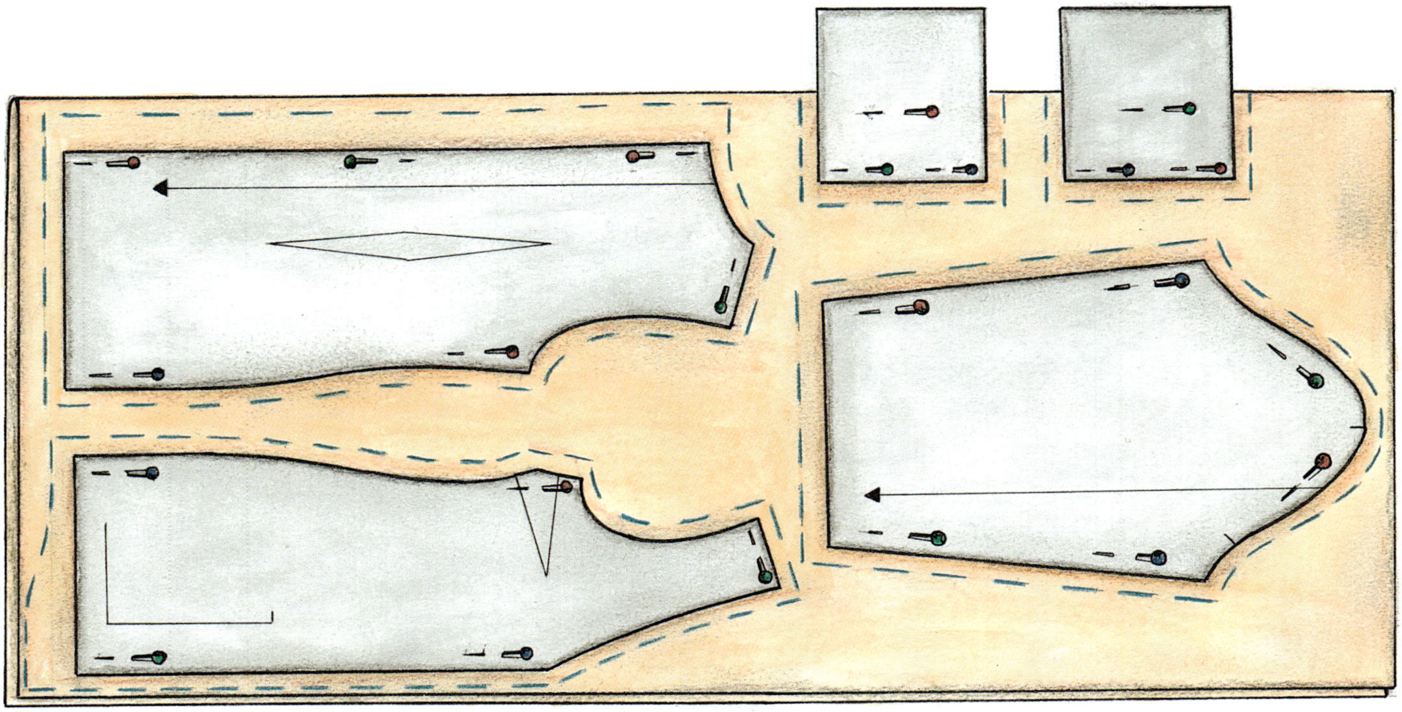

2

Jacke

Das Futter nähen
Für die Bewegungsfalte die Zugaben der rückwärtigen Mittelnaht 1 cm breit aufeinandersteppen. Die Mittelnaht jeweils ab der oberen und unteren Kante ca. 6 cm steppen (3). Die Rückenabnäher (siehe S. 80) und die Brustabnäher der Vorderteile (s. S. 79) nähen und bügeln. Die Schulternähte (siehe. S. 80) und die Seitennähte (siehe S. 81) steppen, dabei an einer Seitennaht in der Mitte ca. 25 cm zum Wenden offenlassen. Nahtzugaben auseinanderbügeln. Die Ärmelnähte steppen, Nahtzugaben auseinanderbügeln. Futterärmel einsetzen.

Die Taschen mit Futter verstürzen
Die Futtertaschenteile rechts auf rechts auf den Besatz der Taschen stecken; Nahtlinien treffen aufeinander. Steppen, dabei in der Mitte die Naht zum Wenden ein Stück offenlassen (4).

Die Nahtzugaben in das Futter bügeln. Den Besatz jeweils an der Umbruchlinie nach außen falten. Die seitlichen Besatzkanten auf die Taschen stecken, fortlaufend das Futter auf die Taschen stecken. Kanten aufeinandersteppen. Die Nahtzugaben zurückschneiden, an den Ecken schräg abschneiden (5).

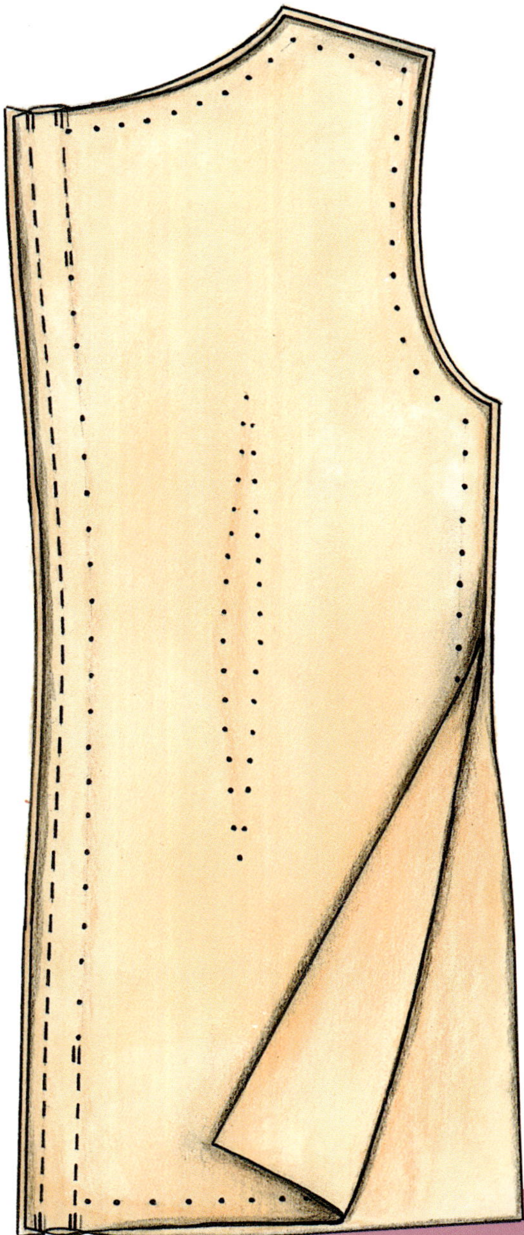
3

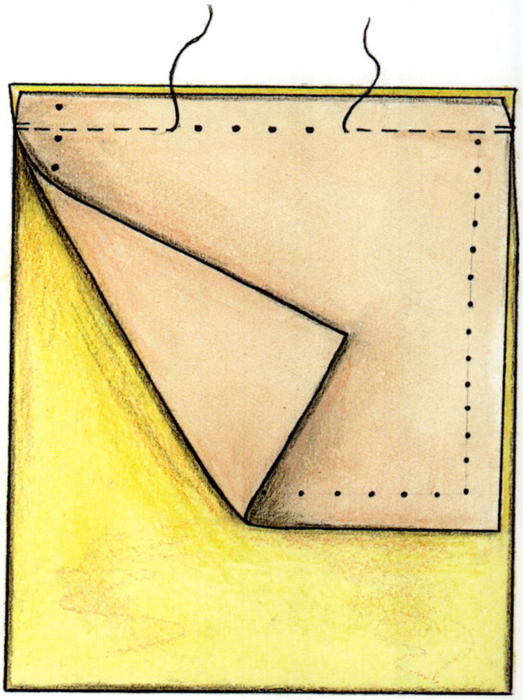
4

5

Die Taschen durch die offene Nahtstelle am Besatz wenden. Kanten heften, dabei darauf achten, daß die Naht dicht neben der Kante auf der Futterseite liegt. Bügeln. Die offene Nahtstelle von Hand mit kleinen Stichen zunähen.
Die obere Taschenkante absteppen, dann die Taschen auf die Vorderteile stecken und steppen (siehe Seite 85).

Das Futter einnähen
Futter rechts auf rechts auf den Besatz stecken; Schulternähte und Nahtlinien treffen aufeinander. Steppen (6). Die Nahtzugaben in das Futter bügeln.

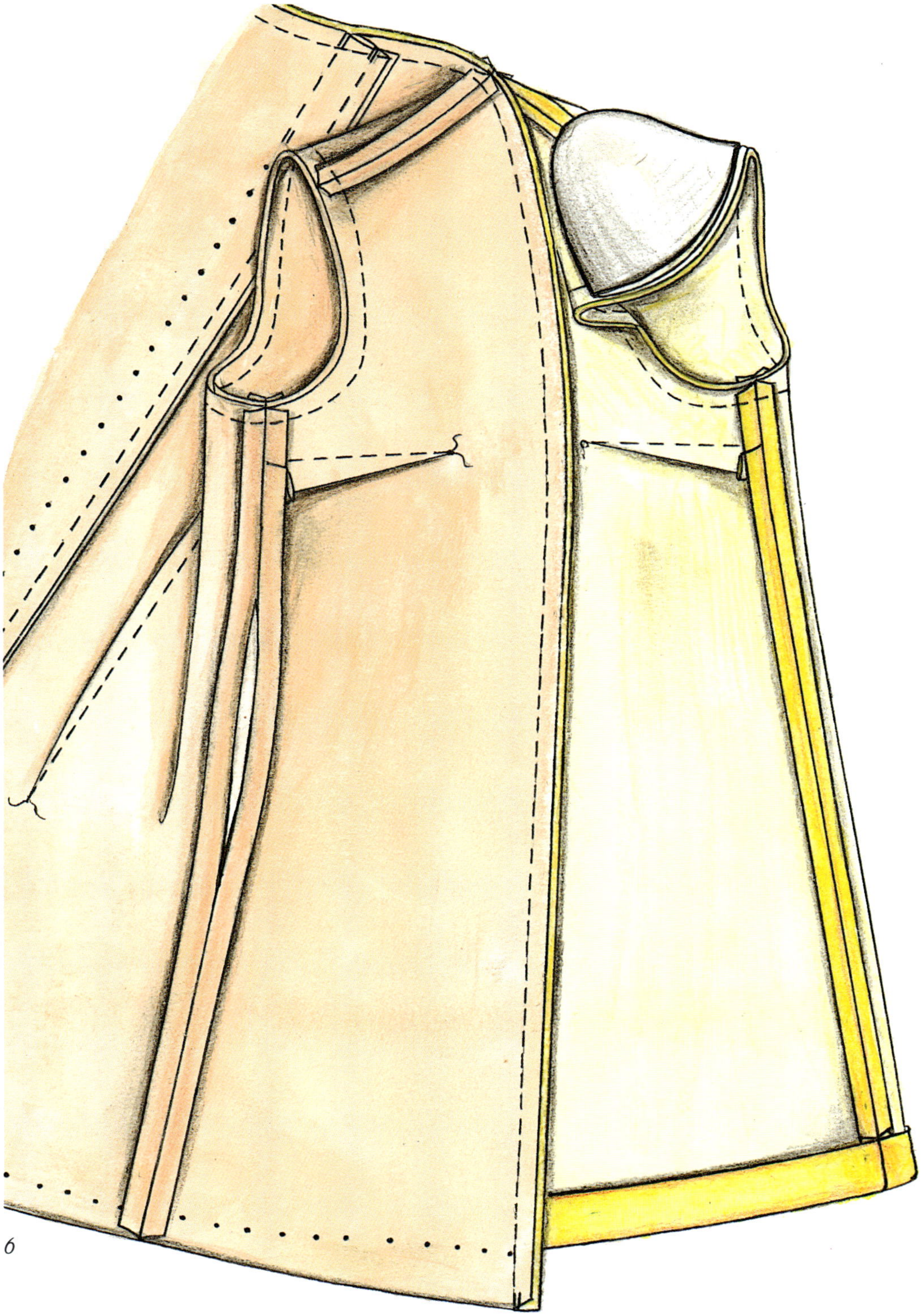

6

Jacke

Den Besatz der vorderen Jackenkante noch einmal nach außen wenden. Die Saumzugaben nach unten legen. Untere Besatzkanten und fortlaufend die untere Futterkante auf die Saumzugabe der Jacke stecken; die markierten Saumlinien von Futter und Jacke treffen *nicht* aufeinander. Den Besatz ab der vorderen Kante 1 cm unterhalb der markierten Saumlinie auf die Saumzugabe steppen, nach ca. 3 cm im flachen Bogen zur unteren Besatz- bzw. zur Saumkante steppen, dann die Kanten ca. 1 cm breit aufeinandersteppen. An der anderen Jackenkante wieder ab dem Besatz im flachen Bogen bis 1 cm unterhalb der Saumlinie steppen (7). Die Nahtzugaben zurückschneiden, an den Ecken schräg abschneiden.

7

Die Jacke duch die offene Nahtstelle in der Futterseitennaht wenden. Die Saumzugabe der Jacke entlang der bereits gebügelten Saumkante nach oben falten und ca. 1 cm unterhalb der Futteransatznaht feststecken oder -heften. Die Jacke noch einmal wenden, linke Seite außen, und die Saumzugabe annähen (siehe Seite 85). Die Jacke wieder wenden und die Saumkante des Futters bügeln, dabei liegt die Bruchkante ca. 2 cm oberhalb der Jackenkante (8).

Futter am Ärmelsaum feststeppen
Ärmelfutter links auf links in die Ärmel schieben. An der Ärmelnaht die untere Futterkante und die Saumzugabe des Ärmels eingeschlagen aufeinanderstecken (9).

Zwischen Oberstoff und Futter durch die offene Stelle der Futterseitennaht greifen, Stoff und Futterärmel an der Naht festhalten und durch die offene Nahtstelle nach außen ziehen. Stecknadel entfernen, dabei aber Futter und Saumzugabe des Ärmels nicht loslassen. Futter rechts auf rechts auf die Saumzugabe stecken und steppen (10).

Von der rechten Jackenseite aus den Stoffärmel wieder nach außen ziehen, dabei zieht sich der Futterärmel von selbst in den Stoffärmel.
Zuletzt die offene Nahtstelle der Futterseitennaht von Hand zunähen.

8

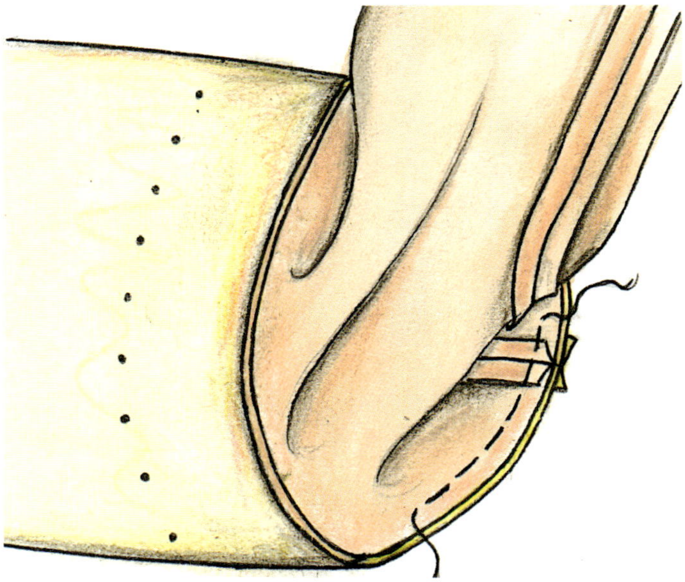

10

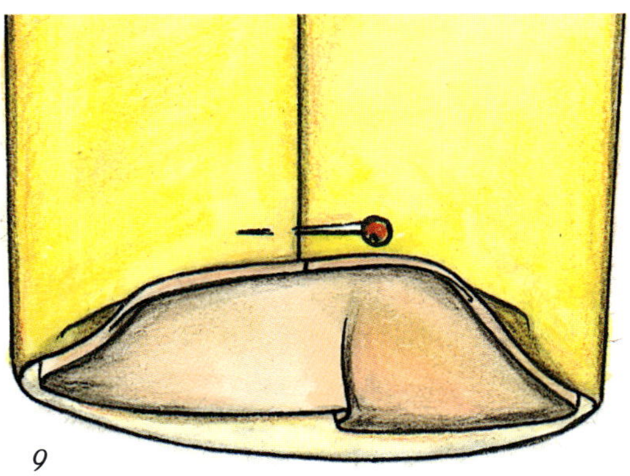

9

So wird's richtig gemacht

Grundtechniken des Nähens

Auf dieser und den folgenden Seiten erklären wir Ihnen Fachbegriffe und einige Grundtechniken des Nähens, die in Nähanleitungen immer wieder erwähnt, aber selten ausführlich erklärt werden.

Abnäher
sind keilformige Nähte, mit denen ein Kleidungsstück körpernah geformt werden kann. Wie Abnäher genäht und gebügelt werden, finden Sie auf den Seiten 42, 54, 79, 80.

Absteppen
heißt, an Nähten oder Kanten entlangsteppen, um sie zu betonen. Schmal absteppen = 2 mm neben der Kante. Für 1/2 cm, 3/4 cm und 1 cm breite Stepplinien können Sie das Nähmaschinenfüßchen als Lineal verwenden. Einfach die Füßchenkante genau an der Kante bzw. Naht entlangführen. Für breitere Stepplinien verwenden Sie das Kantenlineal oder markieren die gewünschte Breite mit Klebeband auf der Nähmaschine (siehe Seite 36).

Besatz
An Verschluß- und Ausschnittkanten liegt der Stoff immer doppelt, so daß auch auf der Innenseite die rechte Stoffseite zu sehen ist. Das auf der Innenseite des Kleidungsstückes liegende Stoffteil wird als Besatz bezeichnet (siehe Seite 81).

Bund
Das ist der Taillenabschluß an Rock oder Hose (siehe auch Seiten 44, 58).

Einfassen
bedeutet: Ein Schrägstreifen, ein Schrägband oder eine Tresse wird um eine Kante gelegt. Die Kante, die eingefaßt werden soll, ist immer ohne Nahtzugabe.

Mit Schrägstreifen und ungebügeltem Schrägband fassen Sie so ein:
Schrägstreifen bzw. -band rechts auf rechts auf die Stoffkante legen und in Einfaßbreite (1/4 Bandbreite) feststeppen (1). Band über die Kante legen und auf der Innenseite eingeschlagen an der Ansatznaht feststecken. Schrägband von Hand annähen (2) oder von rechts schmal absteppen, dabei die innere Hälfte feststeppen (3).

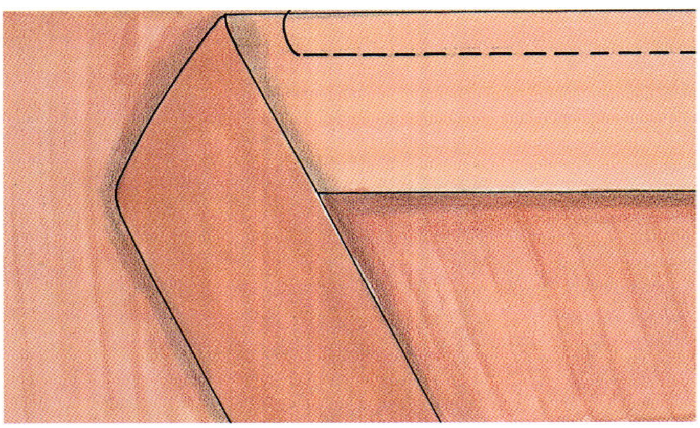
1

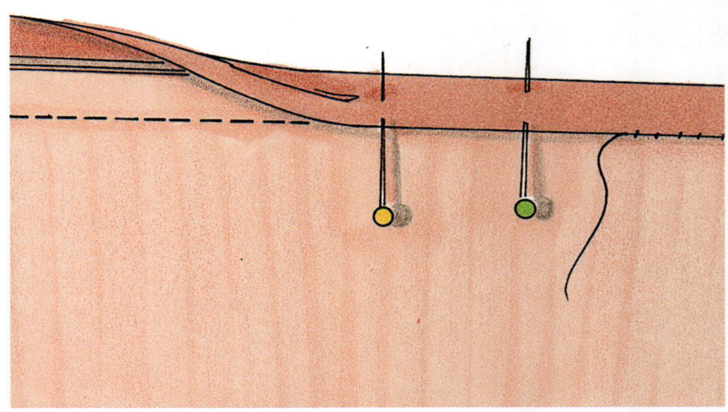
2

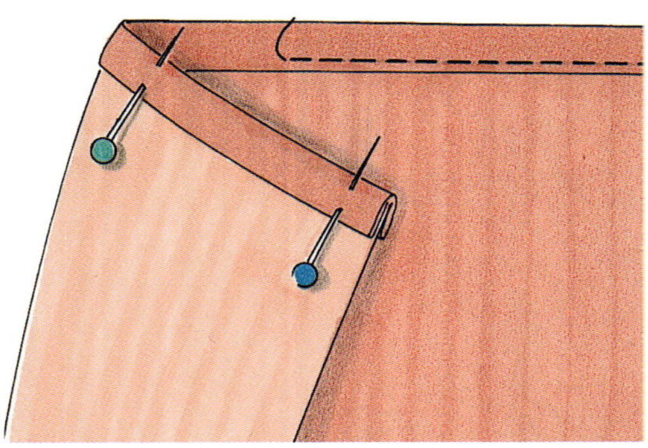
3

An *Außenecken* nicht bis zur Ecke steppen, sondern der fertigen Einfaßbreite entsprechend vorher enden. Naht mit Rückstichen sichern. An der Ecke das Band feststecken (4). Dann das Band wie bei Zeichnung 5 falten und feststeppen. Band über die Ansatznaht legen (6), entlang der Stoffkante nach innen falten, eingeschlagen an der Ansatznaht annähen (siehe Zeichnungen 2 und 3).

An *Innenecken* die Einfaßbreite mit Schneiderkreide entlang der Stoffkante markieren. In die Ecke bis dicht zur Markierung einschneiden (7). Die Stoffkante rechts auf rechts in Einfaßbreite auf das Band steppen, dabei den Stoff an der Ecke auseinanderziehen (8).

Das Band über die Ansatznaht legen, dabei an der Ecke zur Falte legen und feststecken (9).

Dann das Band entlang der Stoffkante nach innen falten und eingeschlagen an der Ansatznaht feststecken, dabei an der Ecke auch auf der Innenseite eine Falte legen (10). Band von Hand annähen oder von rechts feststeppen.

An *Außenrundungen* das Band beim Feststeppen einhalten, an *Innenrundungen* das Band entsprechend dehnen.

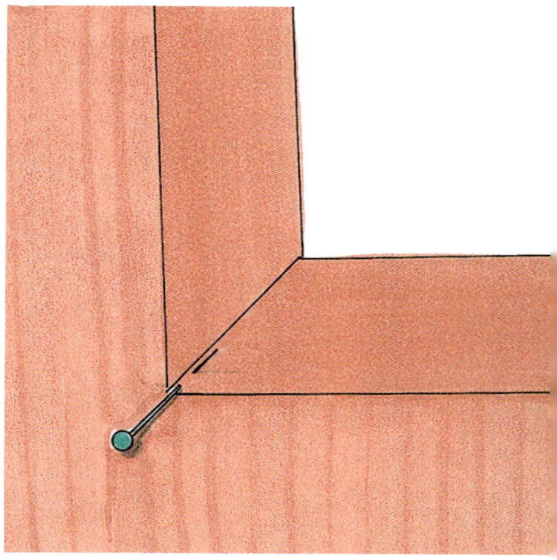

9

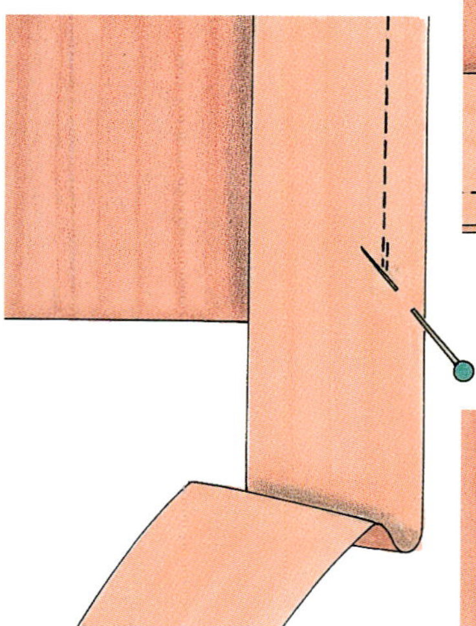

4

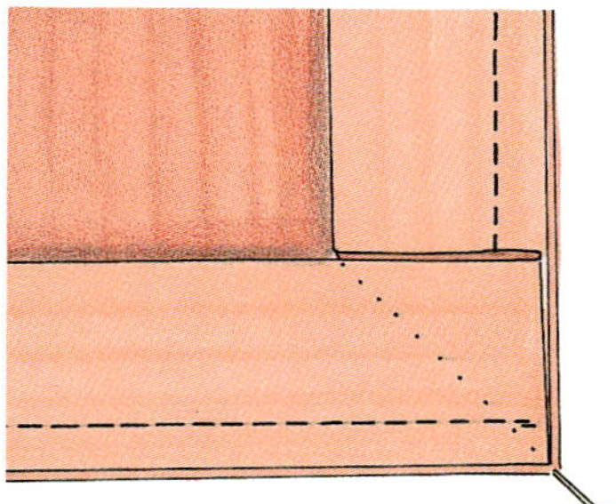

5

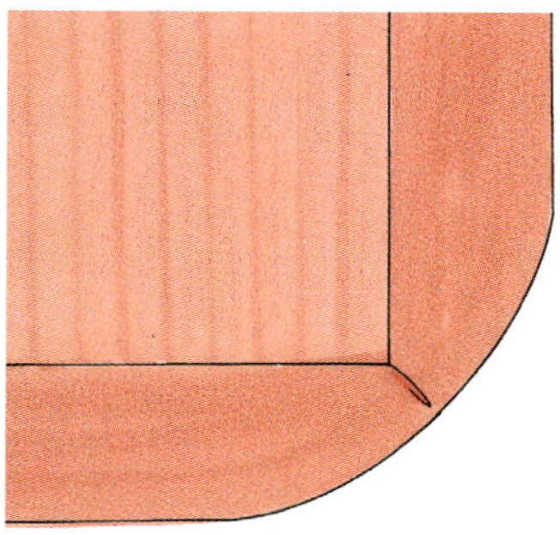

6

7

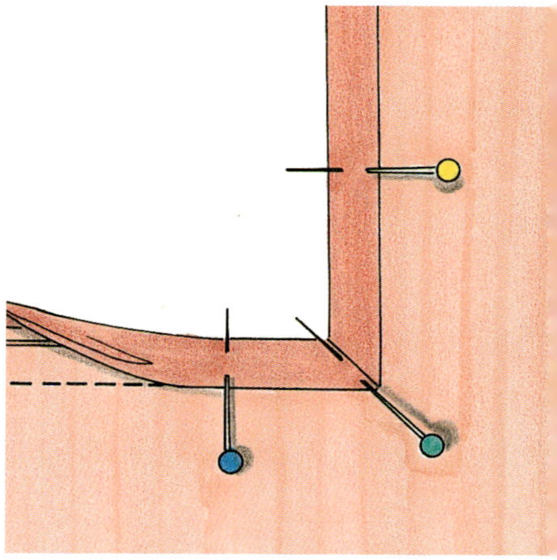

10

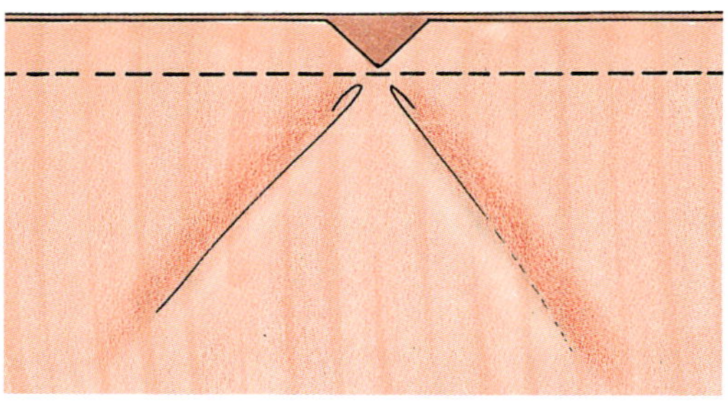

8

Fachbegriffe

Und so fassen Sie mit vorgebügeltem Schrägband und mit Tresse ein: Schrägband bzw. Tresse zur Hälfte bügeln. Die Stoffkante zwischen die gefaltete Tresse schieben. Tresse feststecken und schmal feststeppen (11).

An *Außenecken* die Tresse bis zur Kante feststeppen (12). An der Ecke die Tresse zur Falte legen (13) und feststeppen.

Bei *Innenecken* die Einfaßbreite mit Schneiderkreide oder Heftfaden markieren. In die Ecke bis dicht zur Markierung einschneiden (wie bei Zeichnung 7). Die Tresse auseinanderfalten und so auf die rechte Stoffseite stecken, daß die Stoffkante genau unter dem „Mittelbruch" liegt. An der Ecke eine Falte legen und feststecken (wie bei Zeichnung 9). Die Tresse am „Mittelbruch" nach innen legen, feststecken, an der Ecke eine Falte legen. Von der rechten Seite aus die Tresse schmal feststeppen.

An *Innenrundungen* die Tresse dehnen. An *Außenrundungen* die Tresse einhalten. Am besten geht's, wenn Sie an den Außenkanten der Tresse einen Faden mit kleinen Vorstichen einziehen und die Tresse auf diesem Faden der Rundung entsprechend zusammenschieben (14).

Einhalten
Hier ist ein Stoffteil ein wenig weiter als das andere. In der Schnittübersicht sind solche Kanten durch eine Wellenlinie gekennzeichnet. Auf dem Schnittbogen ist der Bereich, an dem eingehalten werden soll, mit Punkten begrenzt. Diese Mehrweite muß so verteilt werden, daß keine Fältchen entstehen. Am einfachsten geht's, wenn Sie zu beiden Seiten der markierten Nahtlinie mit großen Stichen steppen (siehe Zeichnung 8, Seite 33). Halten Sie die Unterfäden fest und schieben Sie den Stoff auf diesen Fäden auf die erforderliche Weite zusammen.

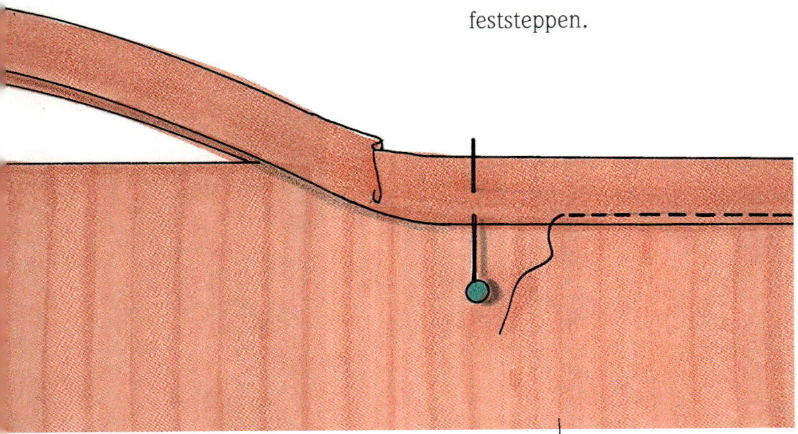
11

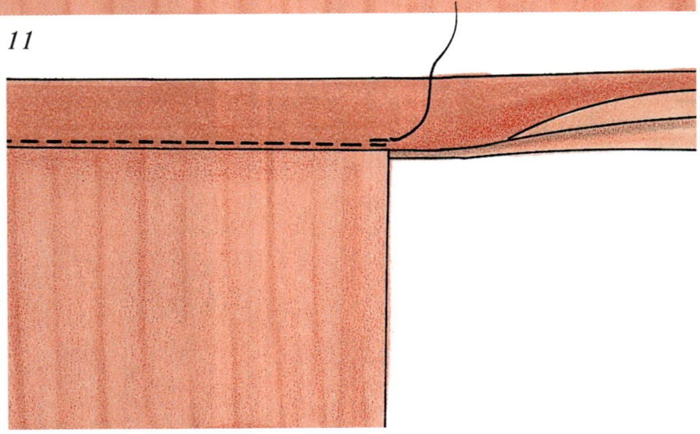
12

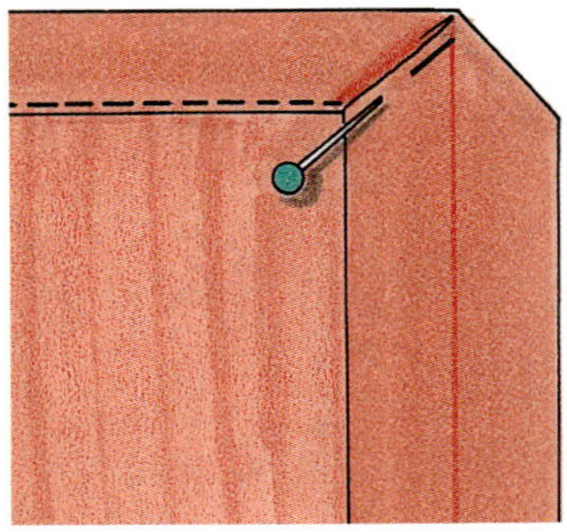
13

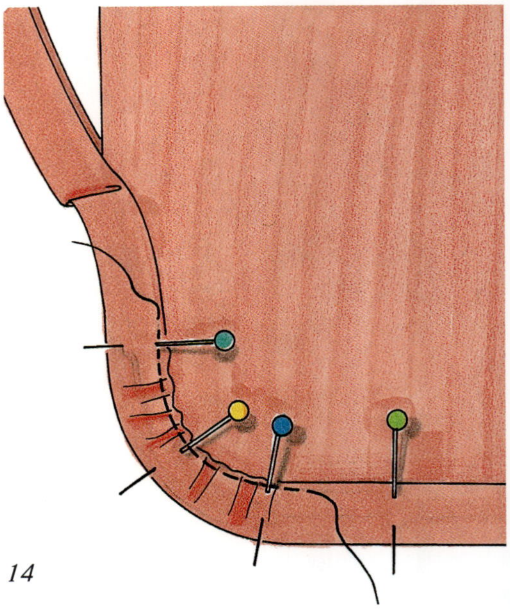
14

Einreihen
(oder einkräuseln) heißt, eine weite Stoffbahn raffen. Dazu zu beiden Seiten der markierten Nahtlinie mit großen Stichen steppen. Die Unterfäden der Stepplinien festhalten und den Stoff auf diesen Fäden auf die gewünschte Weite zusammenschieben. Die Fäden verknoten oder um eine Stecknadel wickeln (siehe Zeichnung 8a, Seite 33). Die Weite (Kräusel) gleichmäßig verteilen. Beim Zusammennähen von eingereihten und glatten Stoffkanten immer von dem eingereihten Teil aus zwischen den Stepplinien steppen.

Einlagen
werden zur Verstärkung von Stoffen benötigt (siehe Seite 30/31).

Falten
Es gibt einseitige Falten, Kellerfalten und Quetschfalten. Falten können nur gelegt, von oben bis unten eingebügelt oder plissiert werden.

Falten auf dem Stoff markieren: In Burda-Schnitten sind Falten so eingezeichnet, wie sie von der rechten Stoffseite aus zu sehen sind, das heißt, sie werden von der rechten Stoffseite aus in Pfeilrichtung gelegt. Die Linie am Pfeilanfang ist der Faltenbruch, die Linie an der Pfeilspitze die Faltenanstoßlinie. Der Abstand zwischen diesen beiden Linien ist die Faltentiefe (1).

Die Faltenlinien zunächst mit Kopierpapier und Kopierrädchen auf die linke Stoffseite (siehe Seite 28) übertragen, dann mit Heftfaden auf die rechte Stoffseite übertragen. Wird die Falte nur gelegt, den Faltenbruch von der rechten Stoffseite aus auf die Anstoßlinie stecken und die Falte festheften (2).

Falten einbügeln: Um Falten exakt bügeln zu können, werden Sie von links geheftet. Dazu den Stoff rechts auf rechts so falten, daß der markierte Faltenbruch auf die Anstoßlinie trifft. Faltenlinien von oben bis unten aufeinanderheften und, wenn die Falte ein Stück weit zugesteppt wird, schon von oben bis zur Querlinie (weiß) steppen. Die Nahtenden sichern. Damit die Falte nicht ausreißen kann, die Faltentiefe ab dem letzten Steppstich in einem leichten Bogen bis zum Falteninnenbruch aufeinandersteppen (3). Falte in Pfeilrichtung legen und von rechts unter einem Tuch bügeln.

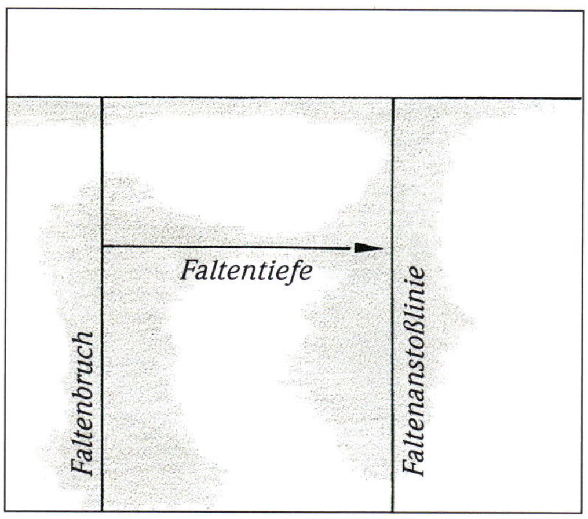

1

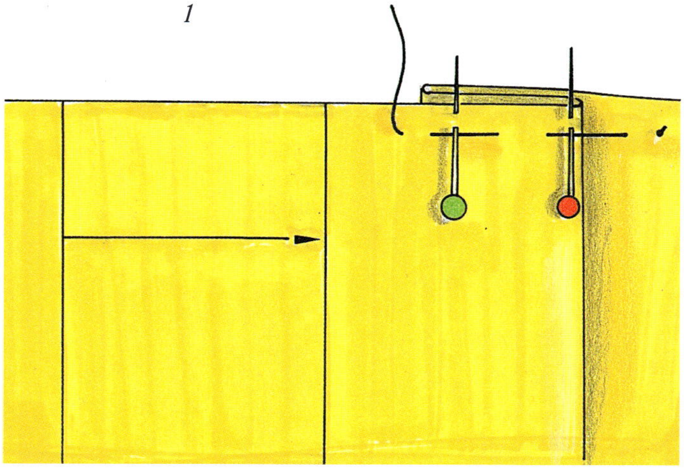
2

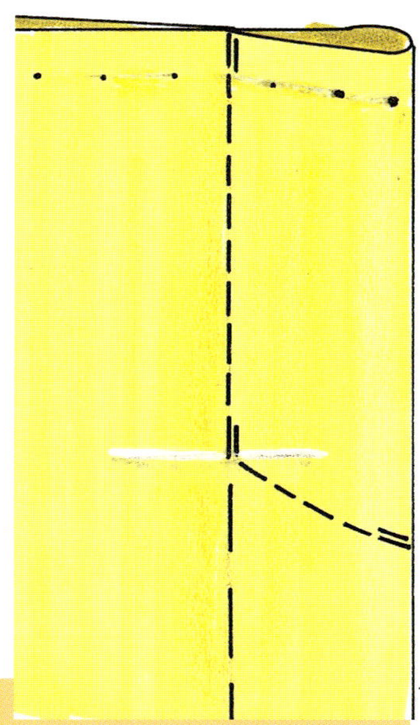
3

Knopflöcher in vielen Variationen

Bei Damenbekleidung werden die Knopflöcher in das rechte Vorderteil oder das linke Rückenteil eingearbeitet. Bei seitlichen Verschlüssen sind die Knopflöcher immer im Vorderteil. Moderne Nähmaschinen haben eine Knopflochautomatik, mit der Knopflöcher schnell und einfach „gestickt" werden können. Außer diesen Maschinenknopflöchern gibt es noch die besonders edlen Paspelknopflöcher.
Oder: Sie sticken die Knopflöcher von Hand.

Egal für welches Knopfloch Sie sich entscheiden, diese Punkte sollten Sie beachten:

Bei Blenden oder Blendeneffekten die Knopflöcher senkrecht in der Blendenmitte einarbeiten. Bei allen anderen Verschlüssen die Knopflöcher waagrecht einarbeiten. Damit der Knopf später genau in der Mitte sitzt, beginnen diese Knopflöcher ca. 2 mm vor der Mitte.

Die Lage der Knopflöcher ist im Schnitt eingezeichnet. Die Länge richtet sich nach der Knopfgröße. Dabei gilt: fertige Knopflochlänge = Knopfdurchmesser plus Knopfhöhe.

Bevor Sie die Knopflöcher in das Kleidungsstück einarbeiten, ein Probeknopfloch auf einem Stoffrest ausprobieren. Dieser Stoffrest sollte genau der Stoffkante entsprechen, in die später die Knopflöcher eingearbeitet werden.

Das Wäscheknopfloch

Es wird in Wäscheteile und sportliche Hemdblusen eingearbeitet.
Die Knopflochlänge auf der rechten Stoffseite markieren. Genäht wird mit normalem Nähgarn oder bei sehr feinen Stoffen mit dem etwas dünneren Maschinenstick- und -stopfgarn.

Um eine gleichmäßig breite Stichreihe zu erhalten und um das Ausreißen des Knopfloches zu vermeiden, die Knopflochmarkierung schmal umsteppen. Knopfloch in der Mitte einschneiden (1), dabei die Stiche an den Knopflochenden nicht durchschneiden!

Die Einschnittkanten mit Überwendlingsstichen vor dem Ausfransen sichern (2).

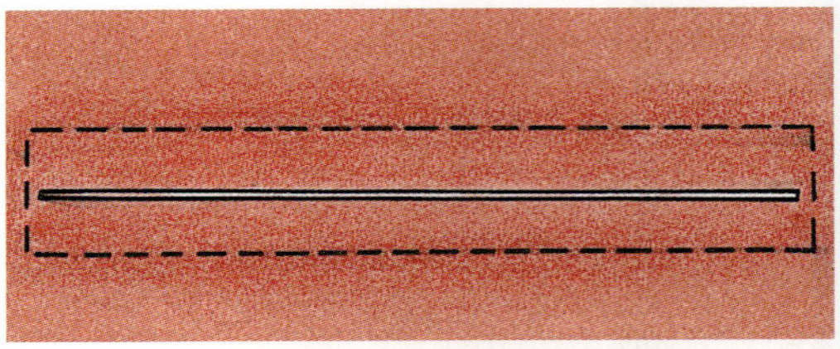

1

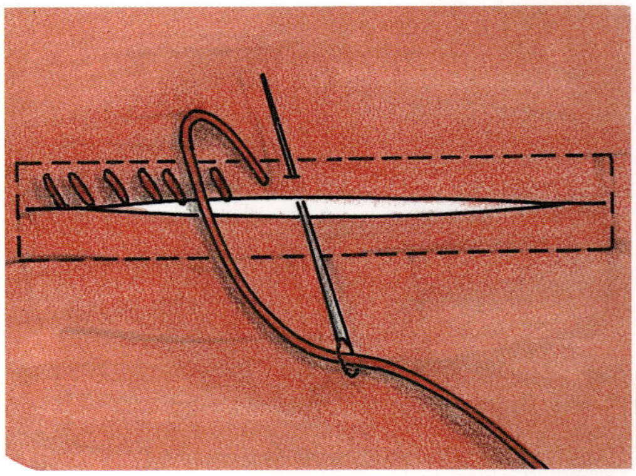

2

Dann wird das Knopfloch mit Knopflochstichen umstickt. Nähen Sie von links nach rechts, das geht am besten. Nadel von hinten in die Kante einstechen (3).

Faden bis auf eine kleine Schlinge durchziehen. Nadel von hinten durch die Schlinge führen (4).

Faden anziehen. Das Knötchen muß genau an der Kante des Einschnittes liegen. Nachdem Sie die erste Seite des Knopfloches gestickt haben, wird am Knopflochende ein Riegel genäht. Dazu den Faden mehrmals über die volle Knopflochbreite spannen (5) und diesen Fadensteg dicht umwickeln, dabei immer etwas Stoff mitfassen (5a). Dann die zweite Knopflochhälfte sticken und am Knopflochende wieder einen Riegel nähen. Fadenende auf der Rückseite vernähen.

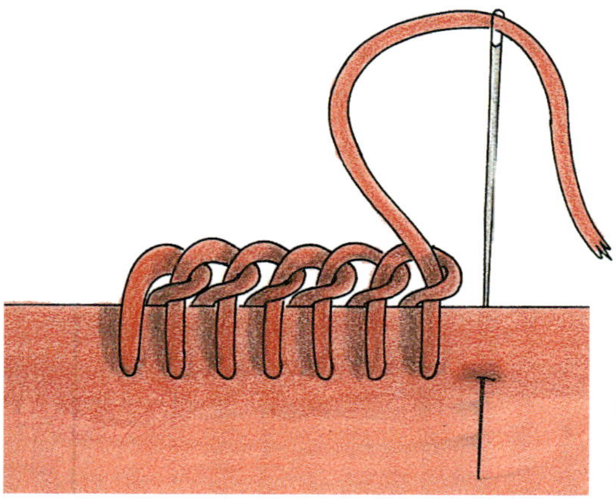

3

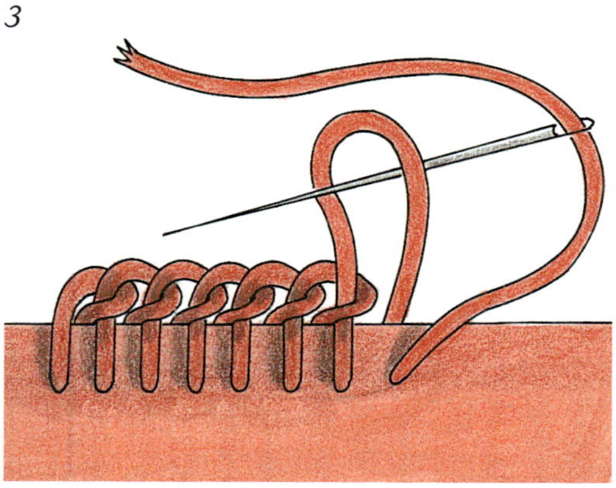

4

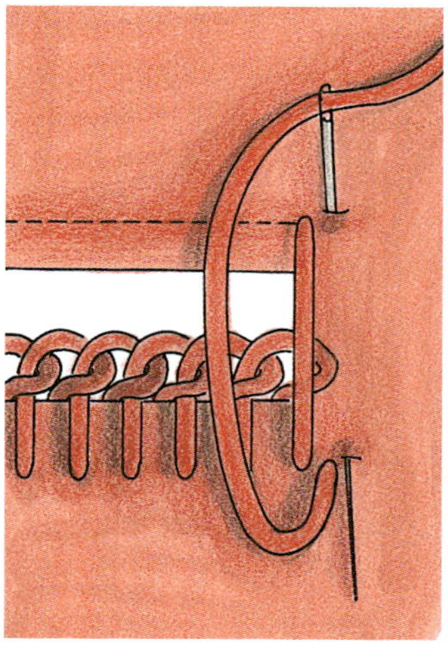

5

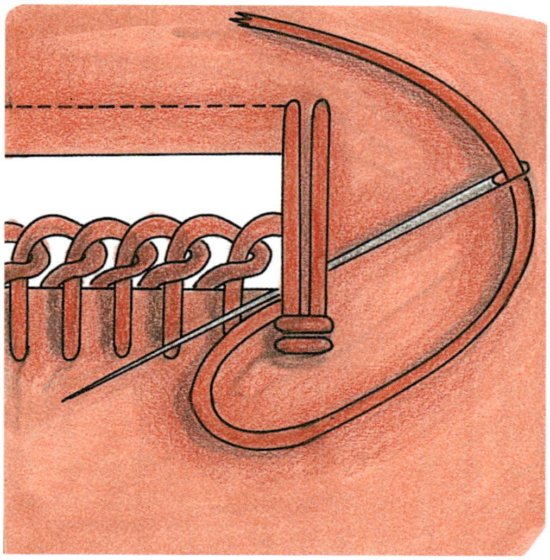

5a

Das Augenknopfloch

Es wird immer waagrecht in Blusen eingearbeit.

Es unterscheidet sich vom Wäscheknopfloch nur dadurch, daß am vorderen Knopflochende eine Rundung genäht wird. Dazu wird am vorderen Knopflochende strahlenförmig eingestochen, so daß sich eine Rundung bildet. Die Knötchen werden an der Rundung etwas nach oben gezogen (6). Am anderen Knopflochende wird ein Riegel genäht.

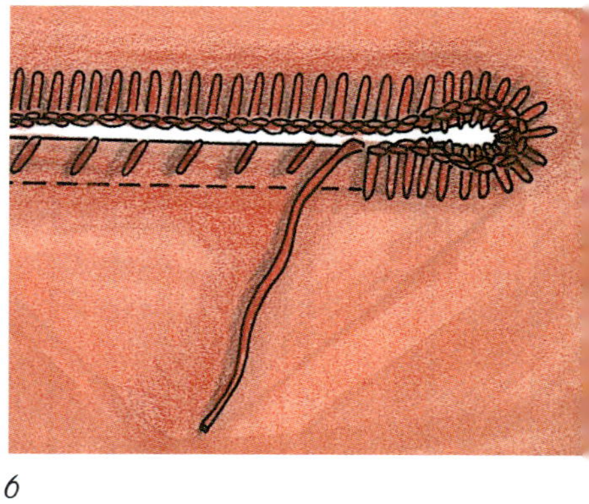

6

Knopflöcher

Das Schneiderknopfloch
Dieses Knopfloch wird in Jacken und Mäntel eingearbeitet. Damit das Knopfloch plastischer wirkt, wird es mit Knopflochgarn gestickt und ein Spannfaden (Gimpe) mitgeführt.
Die Knopflochlänge auf der rechten Stoffseite markieren. Knopfloch einschneiden und den Einschnitt vorne – da ist später der Knopf – keilförmig erweitern oder mit der Lochzange eine kleine Rundung vorstanzen. Die Einschnittkanten mit Überwendlingsstichen vor dem Ausfransen sichern, dabei die Rundung vorformen. Die Gimpe (doppeltes Knopflochgarn) entlang einer Knopflochkante spannen (7).

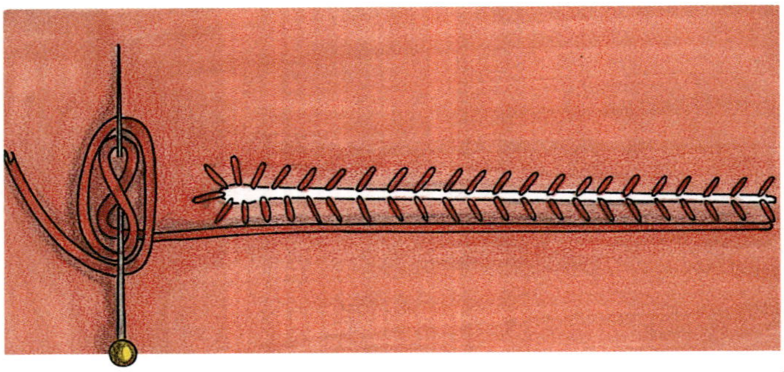
7

Dann am Knopflochende mit den Knopflochstichen beginnen. Dazu die Nadel von hinten in die Kante einstechen. Den Faden um die Nadelspitze legen, dann die Nadel durchziehen (8).

Den Faden straff anziehen. Das Knötchen muß auf der Kante liegen. Auch an der Rundung die Gimpe mitführen und die Knötchen etwas nach oben ziehen. Nach dem Ausnähen der Rundung die Gimpe entlang der zweiten Knopflochkante spannen und die zweite Knopflochhälfte nähen. Am Knopflochende wie beim Wäscheknopfloch einen Riegel nähen. Zuletzt die Gimpe nochmals straff anspannen, dabei die Rundung mit einem Pfriem formen. Gimpe auf der linken Seite vernähen.

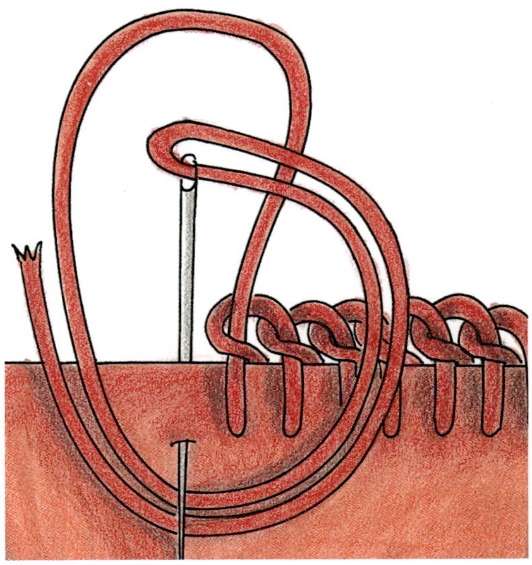
8

Tip

Wenn Sie zum Einschneiden der Knopflöcher den Pfeiltrenner verwenden, können Sie nicht über die Enden hinwegschneiden, wenn Sie eine Stecknadel quer stecken.

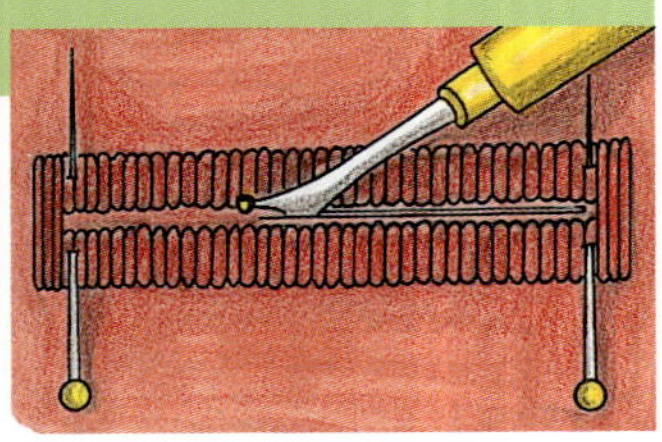

Maschinenknopflöcher
Moderne Nähmaschinen haben eine Knopflochautomatik (Näheres dazu finden Sie im Anleitungsheft Ihrer Nähmaschine). Aber auch ohne Knopflochautomatik können Sie mit Zickzackstichen Knopflöcher nähen.

So wird's gemacht:
Knopfloch auf der rechten Stoffseite markieren. Einen 2 mm breiten, dichten Zickzackstich einstellen und die Nadel in die linke Position bringen. Die linke Knopflochhälfte nähen. Die Nadel am Knopflochende in die mittlere Position stellen, die doppelte Stichbreite (4 mm) einstellen und für den Riegel 3 bis 4 Stiche nähen. Stichbreite wieder auf 2 mm einstellen. Nadel mit dem Handrad in die Riegelmitte einstechen. Den Nähfuß anheben und das Knopfloch um die Nadel drehen. Nähfuß senken. Nadel ausstechen, in die rechte Position bringen und die zweite Knopflochhälfte nähen. Am Ende wieder einen Riegel nähen. Knopfloch aufschneiden.

Das Paspelknopfloch
Dieses Knopfloch wird in die Verschlußkante eingearbeitet, bevor der Besatz angesetzt bzw. nach innen umgeheftet wird. Der Stoff muß mit Einlage verstärkt werden.
Pro Knopfloch benötigen Sie für die Paspel einen Stoffstreifen in schrägem Fadenlauf, ca. 6 cm breit und 4 cm länger als das fertige Knopfloch.

Knopfloch mit einem weichen Bleistift auf der linken Stoffseite (Einlage) markieren, danach mit Heftfaden auf die rechte Stoffseite übertragen. Paspelschrägstreifen rechts auf rechts über der Markierung feststecken (1).

Von der linken Stoffseite aus mit kleinen Stichen rings um die Markierung steppen, dabei nicht an einer Ecke beginnen bzw. enden. Wichtig: Der Abstand zwischen Markierung und Stepplinie = fertige Paspelbreite (2).

Heftfäden entfernen. Zwischen den Stepplinien einschneiden. In die Ecken bis dicht zur Stepplinie einschneiden, so daß kleine Dreiecke entstehen (3).

Paspelstreifen durch den Einschnitt nach innen ziehen (4).

Die Nahtzugaben bei dicken Stoffen auseinander-, bei dünnen Stoffen in die Paspel bügeln. Paspelstreifen glattziehen und an beiden Schmalseiten festheften. Die Heftstiche dürfen nicht breiter sein als das Knopfloch (5).

Paspelstreifen auf beiden Seiten so falten, daß die Bruchkanten genau in der Mitte des Knopflochs aneinandertreffen. Paspel mit schrägen Spannstichen aneinanderheften (6). Bügeln.

Von der rechten Stoffseite aus genau in der Nahtrille die Paspel von Hand mit kleinen Rückstichen (siehe Seite 32) oder mit der Maschine festnähen (7).

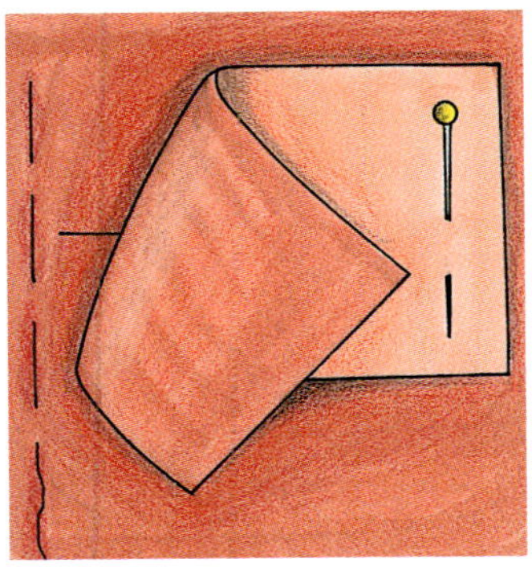
1

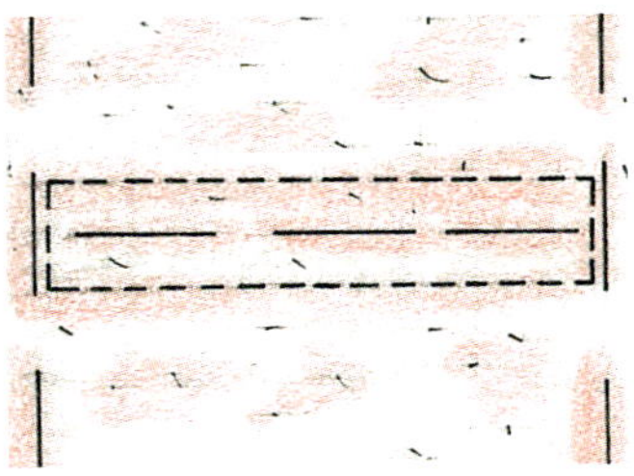
2

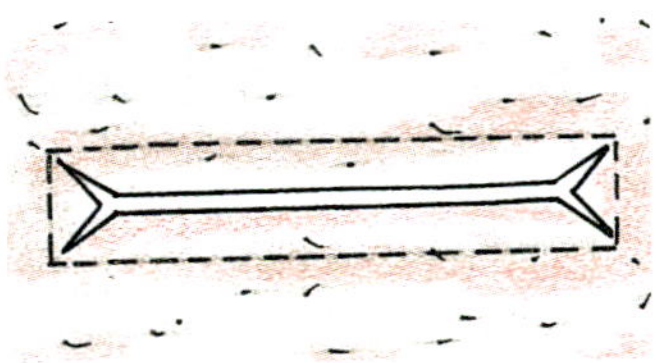
3

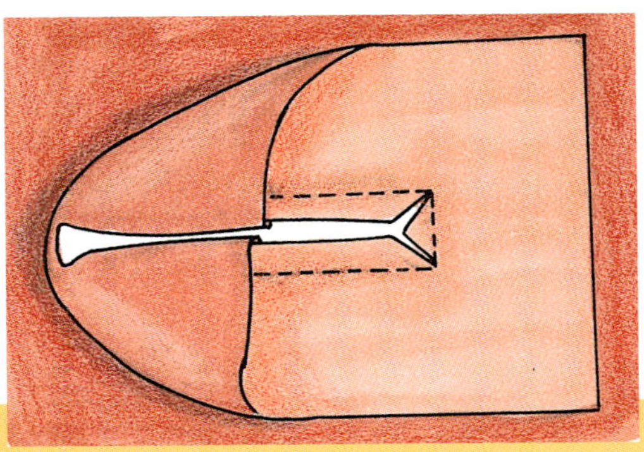
4

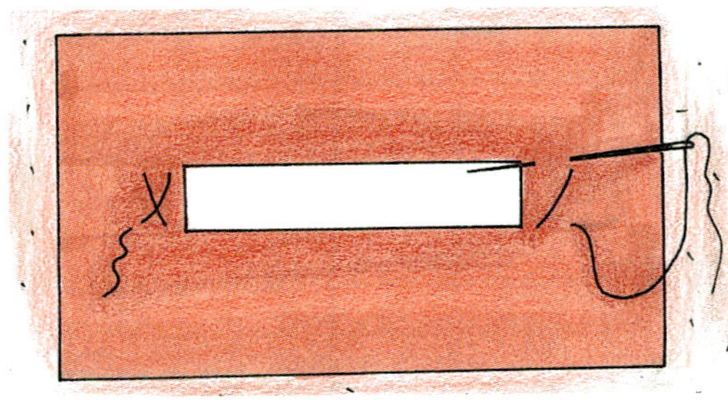
5

6

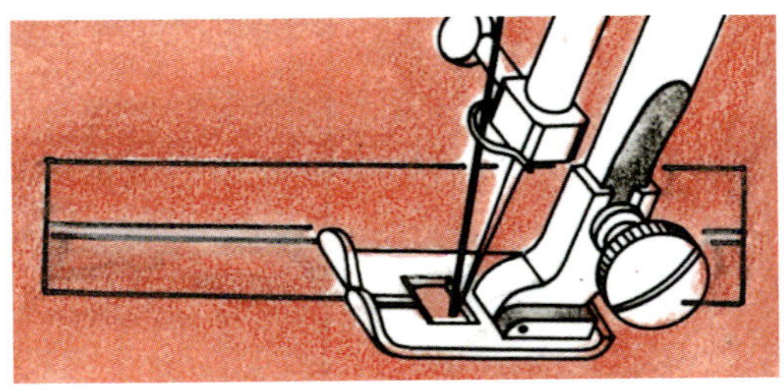
7

Knopflöcher

Heftstiche trennen. Die kleinen Dreiecke an den Knopflochenden auf die Paspel steppen (8).

Besatz über das Knopfloch legen. Knopflochenden mit Stecknadeln markieren. Besatz zwischen den Stecknadeln einschneiden, in die Ecken, der Paspelbreite entsprechend, schräg einschneiden. Einschnittkanten schmal eingeschlagen auf den Paspeln annähen (9).

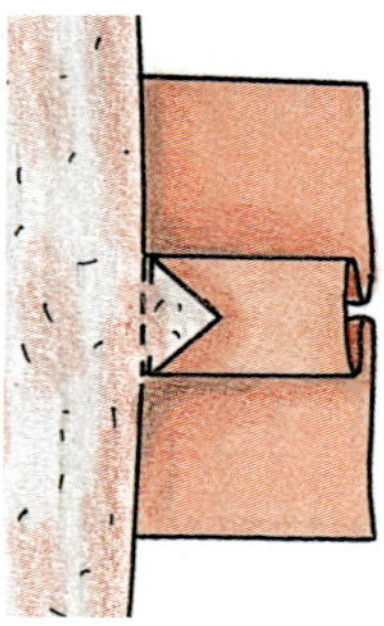

8

Lederpaspel – eine schicke Variante

Pro Knopfloch benötigen Sie zwei Lederstreifen, jeweils 4mal so breit und ca. 3 cm länger als die fertige Paspel.

Knopfloch mit einem weichen Bleistift auf der linken Stoffseite (Einlage) markieren und mit Heftfaden auf die rechte Stoffseite übertragen. Lederstreifen der Länge nach zur Hälfte falten, linke Seite innen, und mit Naht-Fixierstift zusammenkleben. Lederstreifen so auf die rechte Stoffseite stecken, daß die offenen Kanten über der Knopflochmarkierung aneinandertreffen. Lederstreifen genau in der Mitte, der Knopflochlänge entsprechend, feststeppen. Nahtanfang und -ende sichern (1).

Von der linken Stoffseite aus zwischen den Stepplinien einschneiden, dabei ca. 3/4 cm vor den Nahtenden beginnen bzw. enden. Zu den Nahtenden schräg einschneiden, so daß kleine Dreiecke entstehen. Paspel nicht mitfassen (2).

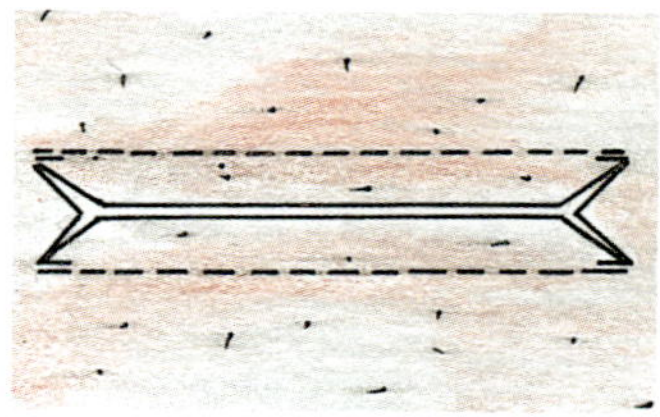

2

Paspel durch den Einschnitt nach innen ziehen. Die Bruchkanten treffen in der Knopflochmitte aneinander (3).

Die kleinen Dreiecke an den Knopflochenden nach innen falten und von Nahtende bis Nahtende auf die Paspel steppen (4).
Den Besatz wie beim Paspelknopfloch (9) an den Paspeln festnähen.

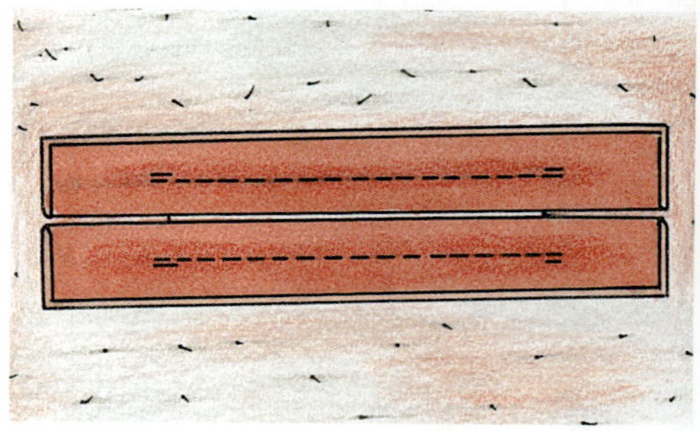

3

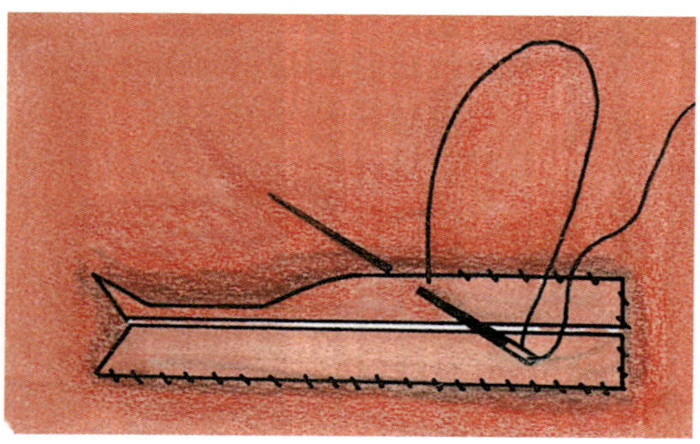

9

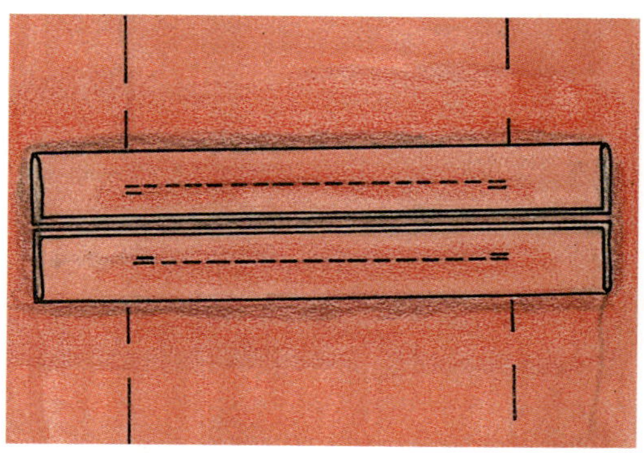

1

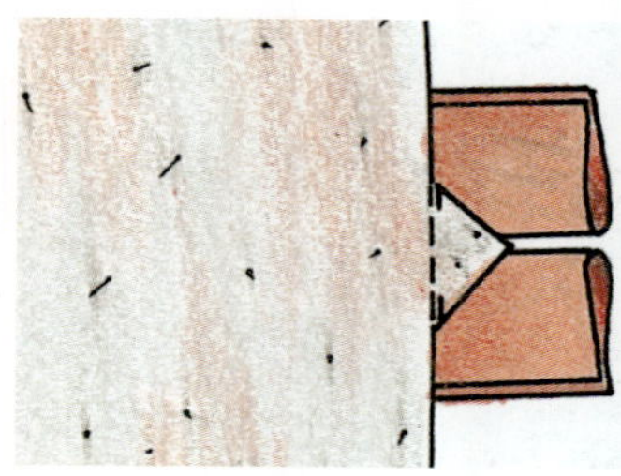

4

So werden Knöpfe angenäht

Grundsätzlich unterscheidet man zwischen Stegknöpfen, mit kleinem Steg oder Metallöse auf der Unterseite, und Durchnähknöpfen, mit zwei oder vier Löchern. Durchnähknöpfe werden immer mit „Stiel“ angenäht, außer sie werden nur zur Zierde aufgenäht.

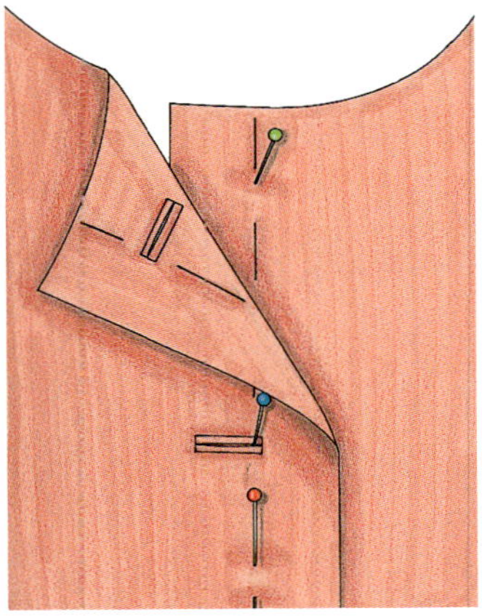

1

So markieren Sie die Knopfannähstellen

Die Verschlußkanten Mitte auf Mitte so aufeinanderstecken, daß der Übertritt – die Kante mit den Knopflöchern – oben liegt. Die untenliegende Verschlußkante ist der Untertritt. Am vorderen bzw. oberen Knopflochende eine Stecknadel senkrecht in den Untertritt stecken. Das Knopfloch vorsichtig über die Stecknadel heben. Die Stecknadel am Untertritt feststecken. Der Einstich der Nadel ist die Knopfannähstelle (1).

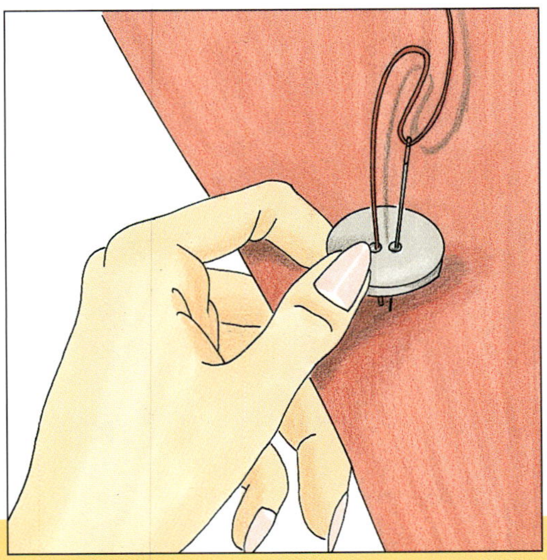

2

So nähen Sie Knöpfe an

Damit Durchnähknöpfe beim Schließen den Übertritt nicht zusammenpressen, werden sie mit „Stiel“ angenäht. Die Länge des „Stiels“ richtet sich danach, wie „dick“ die Verschlußkante ist. Verwenden Sie zum Knöpfeannähen doppeltes Nähgarn oder Knopflochgarn, dann ist's haltbarer!
Knopf mit der linken Hand in entsprechendem Abstand über der Markierung des Untertritts halten (2).

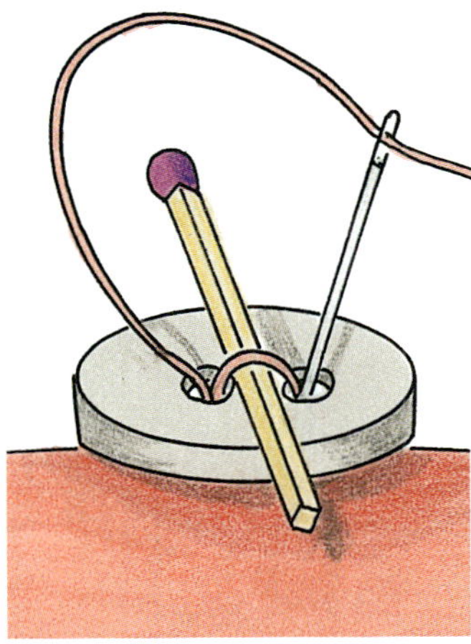

3

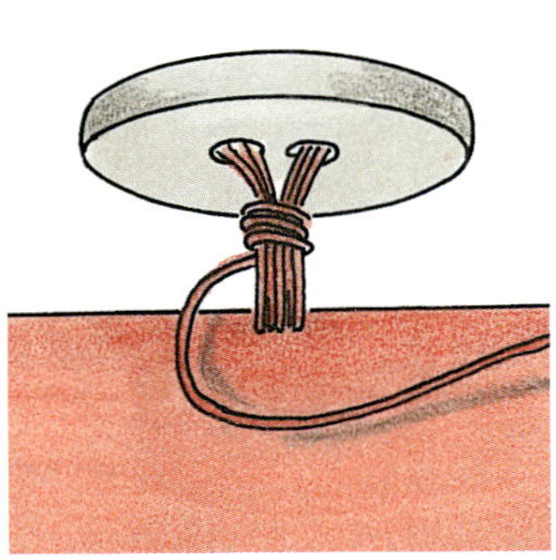

4

Leicht geht's mit einem Streichholz (3). Vor dem unsichtbaren Vernähen des Fadens auf der Innenseite das Streichholz entfernen und den „Stiel“ dicht umwickeln (4).

Knöpfe, die ganz besonders haltbar befestigt werden sollen, werden mit einem kleinen, flachen Gegenknopf angenäht (5).

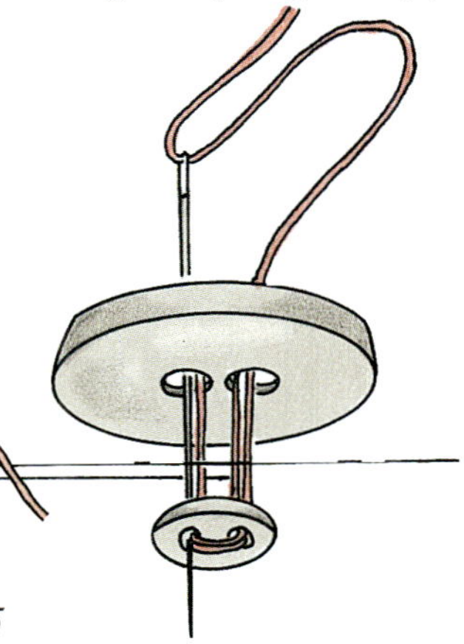

5

Tip

Verwenden Sie zum Annähen und für alle Näharbeiten von Hand einen Fingerhut.

Säume perfekt genäht

Der Saum ist die untere Kante eines Kleidungsstückes. Nachdem die Länge markiert ist (am besten mit einem Rockabrunder), wird die Saumzugabe nach innen umgeheftet, gebügelt und gleichmäßig auf die gewünschte Breite zurückgeschnitten. Als Faustregel gilt: 4 cm für gerade, 2 cm für runde Säume. Dann wird der Saum von Hand oder mit der Maschine angenäht. Dabei unterscheidet man nicht nur zwischen offenkantig (einfache Stofflage) und eingeschlagen (doppelte Stofflage), sondern auch zwischen sichtbar und unsichtbar (= hohl) angenähten Säumen.
Bei allen offenkantigen Säumen muß die Saumzugabe vor dem Annähen versäubert werden (siehe Seite 37). Für welche Art der Saumverarbeitung Sie sich entscheiden, hängt vom Material, der Schnittform und letztendlich von der gewünschten Optik des Modells ab.

Tip

Bei dehnbaren Stoffen, z. B. Jersey, den Saum mit Hexenstichen oder dem elastischen Blindstich annähen.

Hohl angenähte Säume werden immer dann genäht, wenn von rechts keine „Naht" sichtbar sein soll.

So wird's gemacht:
Die obere Kante der Saumzugabe ca. 1 cm nach außen umklappen und wie bei Zeichnung 1 entlang dieser Kante nähen. Damit auf der rechten Seite keine Stiche zu sehen sind, vom Kleidungsstück nur 1 bis 2 Gewebefäden erfassen. An der Saumzugabe dürfen die Stiche größer sein. Wichtig: Nach jedem Stich die Nadel ganz durchstechen und den Faden nicht straff anziehen.

Mit Blindstich und Blindstichfuß können Sie bei dicken, voluminösen Stoffen den Saum auch mit der Maschine hohl annähen. Dazu die Saumzugabe ca. 2 cm unterhalb der Kante festheften. Die Saumkante laut Zeichnung 2 falten und auf der Saumzugabe steppen. Dabei darauf achten, daß vom Kleidungsstück nur 1 bis 2 Gewebefäden erfaßt werden. Evtl. die Stichlänge größer einstellen und die Fadenspannung etwas lockern. Näheres dazu finden Sie im Anleitungsheft Ihrer Nähmaschine.

1

2

Der Rollsaum
Bei sehr feinen, dünnen Geweben wird ein Rollsaum genäht. Verwenden Sie dazu eine feine Nadel und das feinere Maschinenstick- und -stopfgarn. Als Saumzugabe wird 1 cm berechnet. So nähen Sie:
Zwischen Zeigefinger und Daumen der linken Hand die Zugabe einrollen. Dieses Röllchen annähen (3).

Oder: Die Zugabe 1 cm breit einschlagen. Immer im Wechsel in die Bruchkante und dicht neben der Zugabe einstechen, dabei nur 1 bis 2 Gewebefäden erfassen. Nach mehreren Stichen den Faden vorsichtig anziehen, dabei rollt sich der Saum ein (4).

Gesteppte Säume
können offenkantig oder eingeschlagen sein. Beim eingeschlagenen Saum die Zugabe nach innen umbügeln, auf die gewünschte Saumbreite einschlagen, feststecken, bügeln und schmal feststeppen (5).

Beim offenkantigen Saum die Zugabe versäubern, umheften, bügeln und von rechts feststeppen.

Der „gekurbelte" Saum
Bei Sonnenplisseeröcken, an Rüschen und Volants wird die Saumkante mit dicht eingestelltem Zickzackstich abgesteppt (= „gekurbelt"). Dazu die Saumzugabe nach innen umbügeln. Die Bruchkante von rechts mit dicht eingestelltem Zickzackstich absteppen. Dann die Zugabe dicht neben den Stichen abschneiden (6). Soll die Saumkante nicht gerade, sondern in weichen „Wellen" fallen, beim Abkurbeln die Kante dehnen und einen Perlonfaden (erhältlich in Bastelgeschäften) mitfassen.

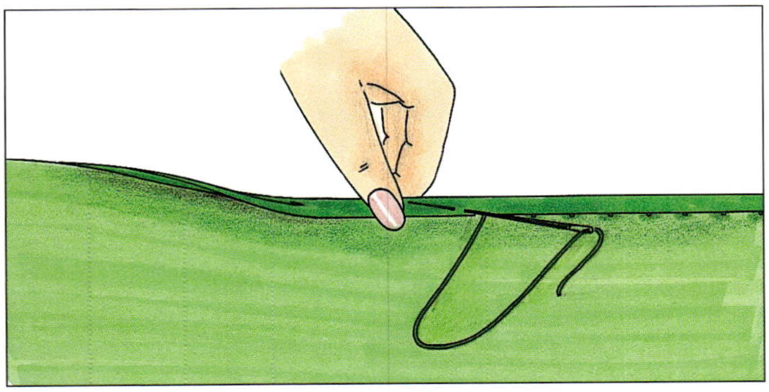
3

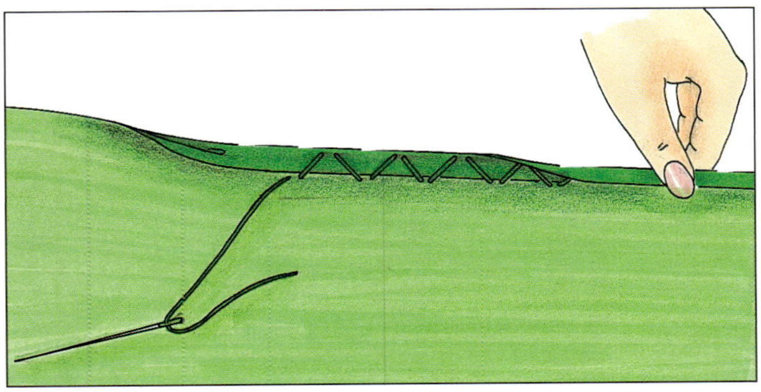
4

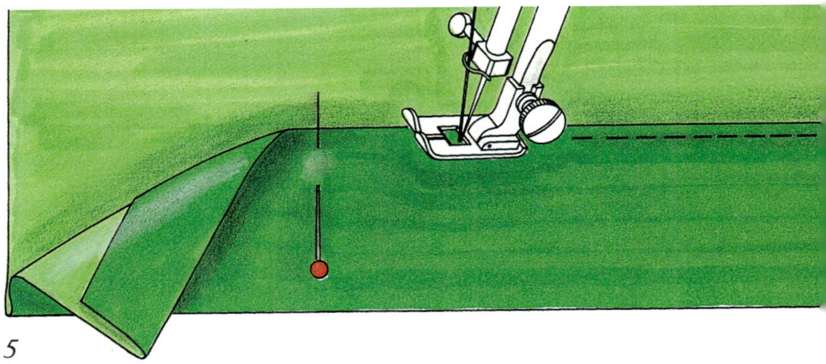
5

6

Säume

Der „falsche“ Saum
Wenn der Stoff nicht ausreicht, um an einem Kleidungsstück einen Saum zu nähen, und bei Paillettenstoffen, aber auch wenn Kinderkleidung mitwachsen soll, aber die Zugabe nicht ausreicht, wird ein „falscher“ Saum aus farblich abgestimmtem Futterstoff oder Garniturstoff angesetzt. Dazu einen ca. 6 cm breiten Stoff- oder Futterstreifen zuschneiden und rechts auf rechts entlang der markierten Saumlinie feststeppen (7).

Die Nahtzugaben auseinanderbügeln. Dann den „falschen“ Saum nach innen umheften. Kante bügeln und die Saumzugabe hohl annähen oder feststeppen.

Der runde Saum
Damit bei Glockenröcken oder an abgerundeten Schlitz- bzw. Saumkanten die Saumzugabe flach liegt, muß die Weite eingehalten werden. Dazu entlang der oberen Saumzugabenkante mit größter Sticheinstellung steppen. Saumzugabe nach innen umheften. Den Unterfaden der Stepplinie festhalten und die Saumzugabe auf dem Faden so weit zusammenschieben, bis sie flach liegt. Die Weite gleichmäßig verteilen und einbügeln (8). Dann die Saumzugabe versäubern und annähen.

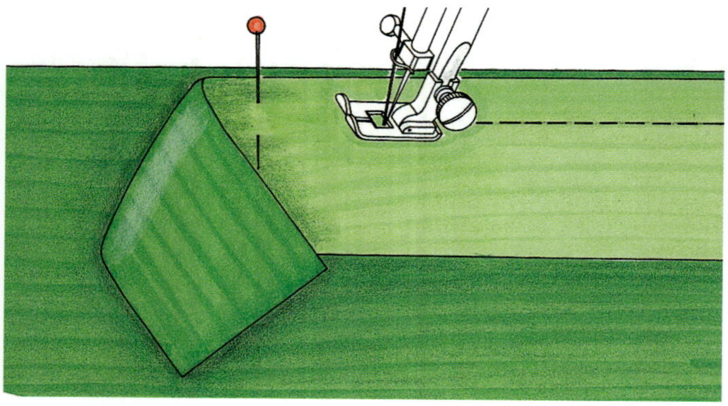

7

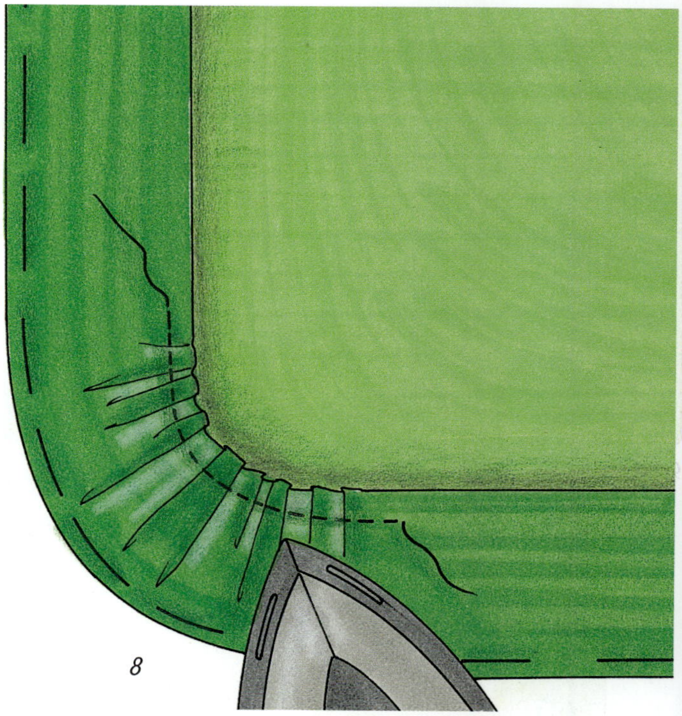

8

Säume an Ecken
An Schlitzen und Verschlußkanten gibt es mehrere Möglichkeiten, die Ecke zu nähen.

Die Ecke von Hand nähen: Zuerst den Saum nähen, dann die Zugabe bzw. den Besatz der Schlitz- oder Verschlußkante umheften, bügeln und auf dem Saum annähen (9).

Bei sehr dicken Stoffen vorher am Besatz die Saumzugabe bis auf 1 cm Breite zurückschneiden (10).

Die Ecke verstürzen: Dazu die Länge markieren. Die Saumzugabe und die Zugabe bzw. den Besatz der Schlitz- oder Verschlußkante versäubern. Den Besatz bzw. die Nahtzugabe nach außen wenden und entlang der markierten Saumlinie feststeppen. Die Zugaben bis auf 1 cm Breite zurückschneiden (11).

Die Zugaben von Schlitz- bzw. Verschlußkante und die Saumzugabe nach innen umheften. Bügeln. Dann den Saum nähen. Zuletzt den Besatz bzw. die Nahtzugabe auf dem Saum annähen (12).

9

11

10

12

Säume

Die Briefecke

Das ist die edelste, aber auch aufwendigste Eckenverarbeitung.

So wird's gemacht: Die Saumlinie und die Schlitzkante mit Heftfaden markieren. Die Saumzugabe nach innen legen und die Kante der Saumzugabe mit Schneiderkreide auf der Zugabe vom Schlitz bzw. dem Besatz markieren (13). Auseinanderfalten. Die Zugabe vom Schlitz bzw. den Besatz nach innen falten und die Kante mit Schneiderkreide auf der Saumzugabe markieren. Auseinanderfalten. Diese beiden Markierungspunkte jeweils mit der Ecke Schlitz-/Saumkante verbinden (14).

Den Stoff an der Ecke Schlitz-/Saumkante so falten, daß die markierten Linien aufeinanderliegen. Rechte Stoffseite innen. Die Zugaben entlang der Kreidelinie aufeinandersteppen. Die Zugaben bis auf 1/2 cm Breite zurückschneiden (15), an der Ecke schräg abschneiden. Nahtzugaben auseinanderbügeln. Die Zugaben von Saum und Schlitz nach innen umbügeln (16), von Hand hohl annähen oder feststeppen.

Der geklebte Saum

Das ist die einfachste und schnellste Saumverarbeitung: Saumzugabe versäubern, nach innen umheften. Bügeln. Heftfaden trennen. Saumfix, ein beidseitig klebendes, hauchdünnes Haftvlies (Freudenberg) unter die Saumzugabe legen. Es darf auf keinen Fall breiter als die Saumzugabe sein, sonst bleibt es am Bügeleisen kleben. Bügeln (17), fertig ist der Saum!

Wichtig: Bevor Sie einen Saum kleben, unbedingt die Gebrauchsanweisung lesen und an einem Stoffrest eine Bügelprobe machen!

13

14

15

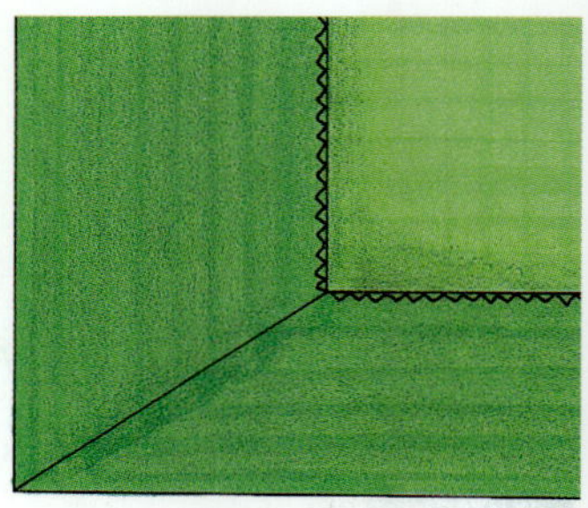

16

17

Ausschnittkanten verstürzen

Der Ausdruck „verstürzen“ ist die Zusammenfassung für eine Reihe von Arbeitsgängen und wird Ihnen in kurzgefaßten Nähanleitungen immer wieder begegnen. Deshalb hier die einzelnen Arbeitsgänge.

Zwei Stoffteile rechts auf rechts aufeinandersteppen. Nahtzugaben schmal zurückschneiden.

Stoffteile wenden (stürzen), so daß die Nahtzugaben zwischen beiden Stofflagen eingeschlossen sind.

Kanten so heften, daß die Naht dicht nebem dem Bruch auf der Innen- bzw. Unterseite liegt. Bügeln.

Ausschnittkanten können mit Besatz oder Schrägstreifen verstürzt werden.

Verstürzen mit Besatz

Für die Besätze gibt es Schnittteile, oder sie sind in die Schnittteile, von Vorder- und Rückenteil eingezeichnet und müssen als Extrateile vom Schnitt abgezeichnet werden. Die Besätze werden immer im gleichen Fadenlauf wie die zu verstürzende Kante aus Stoff zugeschnitten. Ausgenommen sind Paillettenstoffe, bei denen für die Besätze Futter verwendet wird. Besätze ringsum mit Nahtzugaben zuschneiden. Damit sich die Ausschnittkanten nicht verziehen können, werden die Besatzteile mit Einlage verstärkt. Dazu die Einlageteile mit Nahtzugabe und im gleichen Fadenlauf wie die Stoffteile zuschneiden und auf die linke Seite der Stoffteile bügeln (siehe auch Seite 30/31).

Der runde Halsausschnitt:
Besatzteile aneinandersteppen. Nahtzugaben auseinanderbügeln. Besatzinnenkante versäubern. Den Besatz rechts auf rechts auf den Halsausschnitt stecken. Steppen. Die Nahtzugaben zurückschneiden, an den Rundungen bis ca. 2 mm vor die Stepplinie einschneiden (1).

Besatz nach innen wenden. Die Kante so heften, daß die Naht dicht neben dem Bruch auf der Innenseite liegt und von der rechten Seite aus nicht zu sehen ist. Bügeln. Ausschnitt nach Wunsch absteppen. Den Besatz an den Nähten von Hand mit einigen Stichen annähen.

Tip

Verstürzen Sie den Halsausschnitt vor dem Schließen der Seitennähte. Sie können dann den Ausschnitt zum Bügeln flach auf die Bügelunterlage legen.

1

Verstürzen

Wichtig: Wird der Ausschnitt nicht abgesteppt, die Nahtzugaben in den Besatz bügeln. Dabei dürfen keine Fältchen entstehen. Am besten geht's auf einem Bügelkissen (2) oder der Kante des Ärmelbügelbrettes. Dann den Besatz dicht neben der Ansatznaht auf die Nahtzugaben steppen (3).

V-Ausschnitte und eckige Ausschnitte werden genäht, wie beim runden Halsausschnitt erklärt. Damit sich der Besatz nach innen wenden läßt, die Zugaben an der Spitze (4) bzw. an den Ecken bis dicht zur Stepplinie einschneiden.

4

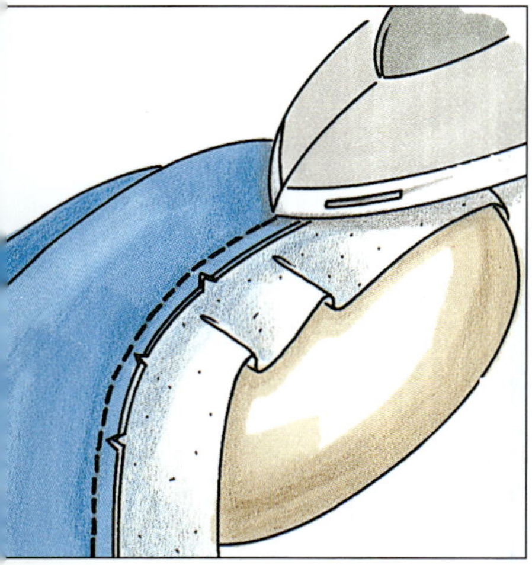

2

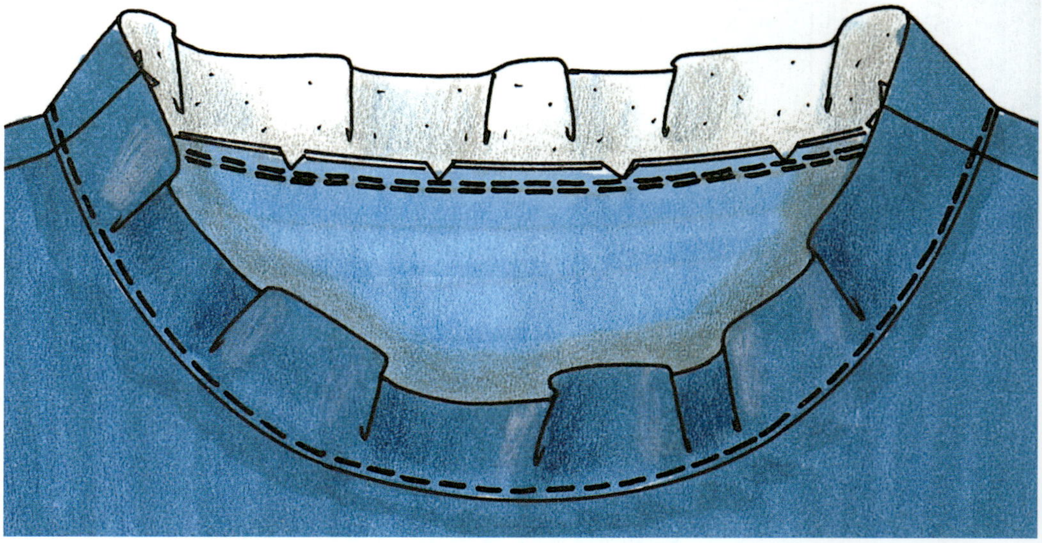

3

Verstürzen mit Schrägstreifen

Ausschnittkanten können auch mit ca. 4 cm breitem Schrägband oder Schrägstreifen verstürzt werden.
Um auf der Innenseite „saubere“ Kanten zu haben, wird das Schrägband bzw. der Schrägstreifen der Länge nach zur Hälfte gebügelt, linke Seite innen. Schrägband rechts auf rechts so auf die Ausschnittkante stecken, daß die offenen Kanten auf der Nahtzugabe liegen. Bei einem geschlossenen Kreis die Enden des Schrägstreifens einschlagen. Schrägstreifen auf die Ausschnittkante steppen (5). Die Zugaben zurückschneiden, an den Rundungen einschneiden. Schrägstreifen nach innen umheften. Kante bügeln und absteppen.

An *Innenecken* den Schrägstreifen bis zur Ecke feststeppen. Schrägstreifen wie bei Zeichnung 6 falten und feststecken. Dann den Schrägstreifen wie bei Zeichnung 7 falten und ab der Ecke steppen. Schrägstreifen nach innen umheften. Bügeln. Die Falte an der Ecke legen und annähen. Kante von rechts absteppen.

An *Außenecken* den Schrägstreifen bis zur Ecke feststeppen. Die Zugaben am Schrägstreifen bis dicht zum letzten Steppstich einschneiden, dann den Schrägstreifen ab dem Einschnitt feststeppen (8).
Nahtzugaben an den Ecken schräg abschneiden. Schrägstreifen nach innen umheften, an der Ecke zur Falte legen und festnähen. Kante bügeln, von rechts absteppen.

5

7

6

8

Wichtige Pflegesymbole für Textilien

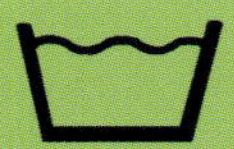

Waschen
(Waschbottich)

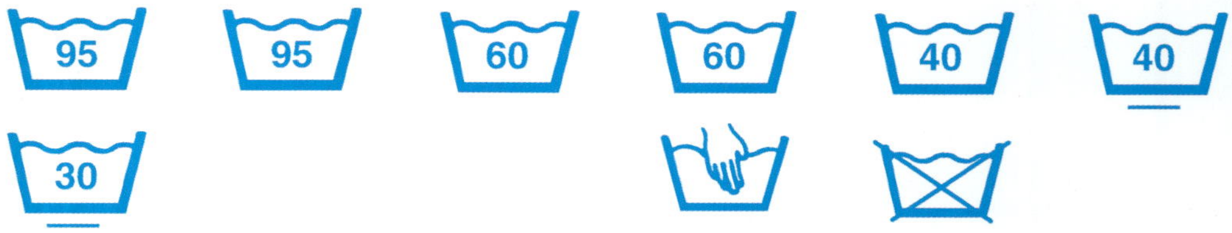

Die Zahl im Waschbottich gibt die maximale Waschtemperatur an, die nicht überschritten werden darf.

Der Balken unter demWaschbottich kennzeichnet, daß möglichst schonend gewaschen werden soll (Schonwaschgang).

Die Hand im Waschbottich bedeutet: Nicht in die Waschmaschine, nur schonende Handwäsche erlaubt.

Ist der Bottich durchgestrichen, ist waschen nicht möglich.

Chloren
(Dreieck)

Chlorbleiche möglich

Chlorbleiche nicht möglich

Bügeln
(Bügeleisen)

Heiß bügeln – Leinen

Mäßig heiß bügeln – Wolle

Nicht heiß bügeln – Seide, Chemiefaser

Nicht bügeln

Die Punkte kennzeichnen die Temperaturbereiche der Regler-Bügeleisen.

Chemische Reinigung
(Kreis = Reinigungstrommel)

Normalreinigung
auch Kiloreinigung möglich

mit Vorbehalt

keine Chemisch-Reinigung möglich

Spezialreinigung
Kiloreinigung nicht möglich

Der Buchstabe im Kreis gibt an, welches Reinigungsverfahren und welches Lösemittel verwendet werden darf.

Ist der Kreis unterstrichen, muß schonend gereinigt werden, das heißt mit weniger mechanischer Beanspruchung und weniger Feuchtigkeitszugabe.

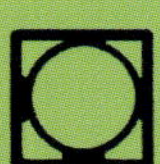

Trocknung
(Trockentrommel)

Trocknen im Wäschetrockner möglich

Sind Punkte in das Symbol eingezeichnet, so geben sie die Trockentemperatur an.

Nicht für den Wäschetrockner geeignet